Petra Bahr

Paul Gerhardt – „Geh aus, mein Herz …"

HERDER spektrum

Band 5786

Das Buch

Paul Gerhardt, im März 1607 in Kursachsen geboren, einer der bedeutendsten Barockdichter – und einer, dessen Texte und Lieder heute noch lebendig sind: eine einzigartige Wirkungsgeschichte. Mit Gerhardts Liedern schlafen die Kinder besser ein, Erwachsene fühlen sich stärker und Alte leben gelassener. Wer war der Mann, der vier seiner fünf Kinder und seine Frau verliert und „Geh aus mein Herz und suche Freud" dichtet? Was prägt einen Menschen, der die besten Jahre seines Lebens im dreißigjährigen Krieg verbringt? Die Biografie zum Paul-Gerhardt-Jahr sucht den Dichter zwischen Alltag und Katastrophe auf. Sie fragt nach seiner Geschichte und nach seiner Aktualität.

Die Autorin

Petra Bahr, Dr. theol., geb. 1966, ist seit Januar 2006 die erste Kulturbeauftragte der Evangelischen Kirche in Deutschland. Sie hat Theologie und Philosophie studiert und war mehrere Jahre lang wissenschaftliche Referentin des interdisziplinären Forschungsinstitutes der Evangelischen Kirchen (FEST) in Heidelberg. Sie lebt mit ihrem Mann in Berlin.

Petra Bahr

Paul Gerhardt –
„Geh aus, mein Herz ..."

Leben und Wirkung

HERDER

FREIBURG · BASEL · WIEN

Gedruckt auf umweltfreundlichem,
chlorfrei gebleichtem Papier

3. Auflage

Originalausgabe

Alle Rechte vorbehalten – Printed in Germany
© Verlag Herder Freiburg im Breisgau 2007
www.herder.de
Satz: Barbara Herrmann, Freiburg
Druck und Bindung: fgb · freiburger graphische betriebe 2007
www.fgb.de
Umschlaggestaltung und Konzeption:
R·M·E München / Roland Eschlbeck, Liana Tuchel
Umschlagmotiv: Paul Gerhardt,
Bildnis auf einer Konfirmationsurkunde aus dem Jahr 1932
(Stadt- und Regionalmuseum Lübben / Autor: Karl Bauer)
ISBN 978-3-451-05786-1

Für Michael

Inhalt

I. In Traurigkeit mein Lachen –
zur Aktualität von Paul Gerhardt

Breit aus die Flügel beide,
O Jesu, meine Freude,
Und nimm Dein Küchlein ein!
Will Satan mich verschlingen,
So laß die Englein singen:
Dies Kind soll unverletzet sein.

Auch euch, ihr meine Lieben,
Soll heute nicht betrüben,
Ein Unfall noch Gefahr.
Gott laß euch selig schlafen,
Stell euch die güldnen Waffen
Ums Bett und seiner Engel Schar.

In der frühsten Zeit des Lebens, als Silbenfolgen noch zur Nachahmung reizten und die Worte keinen Sinn ergeben mußten, wurde ein kleines Mädchen Abend für Abend mit diesem Lied von Paul Gerhardt über die heikle Schwelle des Schlafes getragen. Die Stimmen von Vater und Mutter verbanden sich zu einem stabilen Melodiegeländer. Das erleichterte den Weg in die unheimliche Nacht. „Dies Kind soll unverletzet sein."

Bis heute weiß ich nicht mit Sicherheit, ob ich vor der zweiten Strophe schon eingeschlafen bin oder ob es nur die erste Strophe dauerhaft bis in meine frühste Erinnerung schaffte. Viele Jahre später belehrten mich Pädagogen mit hochgezogener Augenbraue, dass die letzten beiden Strophen des Abendliedes „Nun ruhen alle Wälder" des barocken Dichters als Gute-Nacht-Gesang für kleine Kinder nicht geeignet seien. Zu düster, zu bedrohlich, mit schädlichen Nebenwirkungen für die kindliche Einbildungskraft. Als hätten die Jüngsten noch keine Ahnung von der Nachtseite der Welt, die hinter der Tür des Kinderzimmers beginnt. In meiner Generation zogen deshalb die abendlichen Englein ihre Kreise über vielen Gitterbettchen schon unbehelligt von „Satans Schlingen". Doch in den Hügeln des Sauerlands hielt man viel auf Tradition und nicht so viel von forschen Korrekturen am Generationenvermächtnis. Waren nicht Eltern und Großeltern schon mit den gleichen Versen sicher und getröstet eingeschlafen?

Für mich sind diese gereimten Sätze immer noch ein Zauber gegen das Unbekannte, das in der Dämmerung des Kinderzimmers lauert – unveräußerliche Momente der Geborgenheit und des Zutrauens, Momente, die man mit Fug und Recht als frühste religiöse Erfahrung bezeichnen könnte. Auch die erste religiöse Frage meines Lebens wirft Paul Gerhardt auf. Ein paar Jahre später. „Breit aus die Flügel beide" gehört immer noch zum Abendprogramm, so selbstverständlich wie das Zähneputzen. Doch weil die Worte langsam Bedeutung gewinnen und sich in der Sprachwelt der Erwachsenen lauter Rätsel und Labyrinthe auftun, hängt überm Bett neben der wohligen Vertrautheit auch eine Irritation. Es will mir einfach nicht in den Kopf, warum der Herr Jesus abends noch Kuchen haben darf. Für die zweifelnde Kinderseele war nicht der Gegenspieler Gottes das Problem. Eine andere Stelle im Lied war anstößig. Wie konnte es sein, dass Jesus in dem Lied „sein Küchlein einnehmen" soll, wo doch jeder weiß, dass abends keine Süßigkeiten mehr gegessen werden dürfen? Die Frage habe ich niemals laut gestellt. Sie wäre mit rudimentärem Elternwissen über die barocke Lust an der Verkleinerungsform leicht zu beantworten gewesen. Ein kleines Küken, das sich unter das sichere Gefieder der Mutter rettet, dieses Bild für Gottes Schutz hätte mir ohne weiteres eingeleuchtet. Indes, das Rätsel blieb ungelöst. Und mit der Zeit hing das kleine Mädchen an seiner klammheimlichen Empörung wie an dem gesamten abendlichen Ritual.

Diese frühe persönliche Erinnerung an Paul Gerhardt ist im Grunde typisch, weil sie die große Fremdheit gegenüber der theologischen Gedankenwelt und künstlerischen Sprachwelt seiner Gedichte mit einer fast körperlich spürbaren Anmutung verbindet, ungeachtet der beinahe vierhundert Jahre, die zwischen ihrer Entstehung und unserer Gegenwart liegen. Seine Texte sprechen, verblüffend genug, ins Herz unserer Zeit. Und die Bilder, die Gerhardt mit kräftigem Pinselstrich malt, gehen selbst dann unter die Haut, wenn wir sie nicht immer entschlüsseln können. Fremdheit und Nähe finden zu einer eigensinnigen und reizvollen Verbindung. Für den einen oder anderen sind Paul-Gerhardt-Lieder allerdings eher ein Stein des Anstoßes. Zu viel der Fremdheit für ihren Geschmack. Die Neunmalklugen, die mit ihren Bedenken meine Kindheitserinnerung zweifelhaft machen wollten, sind in guter Gesellschaft. Immer wieder urteilten wohlmeinende Zeitgenossen, die Zeit für Paul Gerhardt sei endlich abgelaufen. Zu altmodisch die Sprache, die er wählt, zu altertümlich die Theologie, die ihn treibt, zu altväterlich die Frömmigkeit, aus der er lebt. Mit Rotstift und vehementem Kürzungswillen rücken ehrenwerte Kommissionen den Gesangbüchern zu Leibe, revidieren Inhaltsverzeichnisse oder schwärzen gar einzelne Strophen. Das geht seit dreihundert Jahren so. Kein Teufel an Kinderbetten, bitteschön. Wo kämen wir denn da hin. Und erst recht keine „Schwermuthöhle", wo das Glück regieren soll. Die Geschichte der Paul-Gerhardt-Lieder ist auch eine Geschichte ihrer versuchten Auslöschung, ihrer Veränderung und ihrer mutwilligen Kürzung.

Schon Matthias Claudius erinnert sich 1789, auf dem Höhepunkt der Aufklärung, an die Barbarei derer, die lieber im Stil des Zeitgeistes singen. In einem fiktiven Brief an seinen Vetter beklagt der andere berühmte protestantische Liederdichter im „Wandsbeker Boten" die ach so aufgeklärten Veränderungen an den altvertrauten Gesängen. Da sind die Gerhardt-Lieder gerade mal hundertfünfzig Jahre im Umlauf. Ihre ursprüngliche Gestalt vergleicht Claudius mit Flügeln, „darauf man sich in die Höhe heben und eine Zeitlang über dem Jammertal schweben kann". Doch Jammertäler sind da unerwünscht, wo aufklärerischer Gesinnungsoptimismus propagiert wird. So verlieren die Lieder ihre Schubkraft und die, die sie singen, bleiben auf der Erde hängen. Verbessert sind sie nun – und lahm geworden. So lautet das lakonische Urteil von einem, der mit seinem Abendlied „Der Mond ist aufgegangen" dem älteren Liederdichter bis in die Wortwahl seine Referenz erweist. Matthias Claudius findet ein zärtliches Bild, um den Verlust zu beschreiben, der mit der rabiaten Verschlimmbesserung einhergeht. Ein Paul-Gerhardt-Lied, „das man in der Jugend, in Fällen wo es nicht so war wie's sein sollte, oft und andächtig mit der Mutter gesungen hat, ist wie ein alter Freund im Hause, dem man vertraut und bei dem man in ähnlichen Fällen Rat und Trost sucht. Wenn man den nun, anders montiert, und im modernen Rock wiedersieht; so traut man ihm nicht, und ist nicht sicher, ob der alte Freund noch darinnen ist".

Wie viele moderne Liederdichter haben schon die bunten Liederzettel in evangelischen und katholischen Gottesdiensten geziert. Für ein paar Monate sind sie hitverdächtig. Doch schon nach ein paar Jahren verschwinden sie wieder, weil niemand sie noch singen mag. Ihre Worte haben gerade eine religiöse Mode lang gehalten. Und schon greift man wieder zu den alten Gesängen, die seit der Mitte des 17. Jahrhunderts die Lieder- und Hausbücher der Christenheit bestimmen – in vielen Sprachen dieser Welt.

Was für ein Glück, dass zumindest einige der bekanntesten Lieder des Barockdichters widerspenstig gegen ihre Modernisierer geblieben sind. Vielleicht erweist sich das vorderhand Unzeitgemäße ja auf diese Weise als das wahrhaft Zeitlose. Die Lieder Paul Gerhardts sind seit nunmehr 350 Jahren ein Stück überlieferter Lebenskunst des Christentums. Sie gehören zum Kernbestand unseres hymnologischen Gedächtnisses, in dem auf ganz eigene Weise der Zeitbezug des Glaubens und der Glaubensbezug der Zeit von Generation zu Generation weitergetragen wird. Gesungen und gebetet, meditiert und vorgelesen, geflüstert und mit sonorer Stimme rezitiert. Paul Gerhardts Dichtungen gehören neben Grimms Märchen und noch vor Luthers Bibelübersetzungen zu den bekanntesten deutschen Texten überhaupt, hat der Literaturwissenschaftler Hans-Georg Kemper einmal festgestellt.

So bekannt seine Lieder auch sein mögen, über den Dichter wissen die meisten Menschen nur wenig. Paul Gerhardt versteckt sich hinter seinen Liedern. Sein Leben ist so gut wie unbekannt. Es ranken sich keine Legenden um ihn. „Paul Gerhardt?" Bedächtiges Kopfschütteln beim Gegenüber. „Nein, den kenn ich nicht." Das Thema scheint erledigt. Doch kaum fallen ein paar Zeilen aus einem Lied des Dichters, zieht das Erkennen übers Gesicht des Befragten. „Geh aus, mein Herz und suche Freud in dieser schönen Sommerzeit …" etwa. Oder das Weihnachtslied: „Ich steh an Deiner Krippen hier." „Ach, klar kenne ich das. Wusste gar nicht, dass das von Paul Gerhardt ist."

Seine Lieder zu lieben fällt erstaunlich leicht, obwohl sie nichts Schweres auslassen. Offenbar verzeiht diese Liebe auch so manches Befremden und klammheimlichen Neid, der von soviel unverschämter Glaubenszuversicht ausgelöst ist, die in den Gerhardt-Strophen steckt. So manche bedingungslose Zuneigung beruht streng genommen sogar auf Missverständnissen. Das ist vielleicht die Folge einer historischen, religiösen und ästhetischen Fremdheit, die letztlich durch gründliche Aufklärung nicht kleiner, sondern allenfalls nachvollziehbarer ist. Das Maß des Ergriffenseins wird schließlich nicht geringer, wenn man der Macht der Gerhardtschen Sprachbilder mit den Mitteln von Dichtungstheorie und Literaturgeschichte auf die Schliche kommt. Der existentielle Bezug drängt sich ohne weiteres und kommentarlos auf:

Ach Herr, wie lange willst du mein
So ganz und gar vergessen?
Wie lange soll der Sorgen Stein
Mich und mein Herze pressen?
Wie lange soll dein Angesicht
Sich von mir wenden? Willst du nicht
Dich meiner mehr erbarmen?

Wie lange soll ich armes Kind
Der Seelen Ruh entbehren?
Wie lange soll der Sturm und Wind
Der Herzensangst gewähren?
Wie lange soll mein stolzer Feind,
Ders niemals gut, stets böse meint,
Sich über mich erheben?

Ach, schaue doch, mein Gott und Hort
Von Deiner heilgen Hütte
Und höre meiner Klage Wort
Und hochbetrübte Bitte:
Gibt meinen Augen Kraft und Macht
Und laß des Todes finstre Nacht
Mich nicht so bald befallen.

Was es heißt, sich am „Sorgenstein" wund zu reiben, erklärt sich auch noch heute von selbst. Dies Lied Paul Gerhardts mag sich wohl jeder dann und wann heute noch unters Kopfkissen legen, als Medizin gegen durchwachte Nächte in schweißnassen Laken. Dafür brauchen wir keine Einführung in die lyrische Welt des Barock. Sicherlich ist es gut, gelegentlich daran zu erinnern, dass „Nun ruhen alle Wälder" ursprünglich kein Kinderlied war. Es wurde Jahrhunderte lang auf eine bekannte Sterbemelodie gesungen und weist behutsam auf den Abend unseres Lebens. Ist es deshalb als Einschlafhilfe weniger geeignet?

Auch der berühmte Sommergesang „Geh aus, mein Herz, und suche Freud", der die Schönheit der Schöpfung so behende besingt, dass man dazu tanzen kann, redet nur vordergründig von Idyllen in der freien Natur. Die beinahe einfältige Schlichtheit seiner Verse, die immer wieder als Erfolgsrezept des Dichters hervorgehoben wird, folgt in Wahrheit virtuos den Gesetzen des barocken Verseschmiedens. Die Unterstellung, Gerhardt wolle es lieber einfach und natürlich haben, um sich von den kapriziösen Dichterfürsten seiner Zeit abzusetzen, ist nachweislich falsch. Eher schon zeigt sich seine große Könnerschaft, weil das Künstliche an seiner Kunst nahezu unsichtbar wird. Der Anspielungsreichtum seiner Glaubenspoesie, die souverän mit theologischen Sinnbildern spielt, geht verloren, wenn aus Gerhardt nur der Volkslieddichter für die Landpartie am Wochenende wird.

Die anhaltende Wirkung der Lieder Paul Gerhardts richtet sich offensichtlich dann und wann auch gegen dessen ursprüngliche Intention. Aber was heißt das schon.

Auf den Kutschfahrten im 19. Jahrhundert haben Menschen die Gerhardt-Lieder genauso begeistert gesungen wie am letzten Sonntag auf der Bustour in den Harz. Nur kennt heute wohl kaum noch einer alle Strophen. Und wer fragt schon am Bett eines Kranken nach den literarischen Vorbildern für Gerhardts Psalmgedichte, bevor er „Befiehl Du Deine Wege und was Dein Herze kränkt, der allertreusten Pflege des, der den Himmel lenkt" intoniert?

Gerhardts gebundene Rede berührt existentielle Fragen, die uns zu Beginn des 21. Jahrhunderts wahrlich nicht ausgegangen sind. Seine Lieder sind kompetente Übergangsbegleiter in heiklen Passagen des Lebens. Dabei sind längst nicht alle Lieder echte Schlager. Manche von ihnen sind eher Geheimtips. Sie stecken voller Überraschungen. Deshalb lohnt es sich, auch die unbekannteren von ihnen wiederzuentdecken, denn sie haben wie die Klassiker unter den Gerhardt-Liedern das Potential, unserer religiösen Sprachmüdigkeit auf die Sprünge zu helfen. Seine Balladen vom guten Ausgang sind ein kräftiger Einspruch gegen Resignation, ohne auf billige Auswege zu verfallen. In der „Schwermuthöhle", die Gerhardt besingt, kauert ihr Dichter mit uns zusammen. Manch eine fromme Sprachgeste, tausendmal gehört, vibriert vor Lebendigkeit, wenn Gerhardt sie verwandelt. Dazu gibt es unzählige Beispiele, wie etwa diese unscheinbare Verszeile: „Mit Deinem Segen überschütte mich". Das setzt auf der Stelle Bilder von kalten Duschbädern an heißen Tagen frei. Und schon prickelt Gottes Nähe auf der Haut. Der Ursprungssinn des Segens als lebensspendende Kraft stellt sich wieder ein. Wenn das keine Theologie zum Anfassen ist, und dazu ohne jeden Abstrich an theologischem Niveau. Sogar für unsere moderne Gottesferne findet Gerhardt beiläufig die richtigen Worte: „Wenn ich und Du ihn nicht mehr spüren …"

Wir mögen nicht mehr zu denen gehören, die Lieder und Gedichte auswendig lernen und so als mobilen Trost und mitreisende Einsatzhilfe in jeder Biegung ihres Lebenslaufes bei sich tragen. Schade eigentlich. Doch Paul-Gerhardt-Lieder helfen auch heute noch aus religiöser Verlegenheit und sprachlicher Not. Im Angesicht persönlicher Krisen, durchwachter Nächte und allerhand schattiger Einfärbungen der Seele verschenkt Gerhardt seine Worte nach wie vor großzügig und treffsicher. Deshalb stehen einige seiner Lieder ganz oben auf der Wunschliste bei Trauungen und Beerdigungen. Sie sind verlässliche Haltepunkte in der gottesdienstlichen Liturgie. Nicht nur für die, die jeden Sonntag kommen. Auch die, die mit steifem Kragen und steifem Rücken unbehaglich in den Kirchbänken rutschen, finden in ihnen ein Stückchen Vertrautheit. „Lobet den Herren, alle die Ihn ehren …" – schon wenn die Orgel das Vorspiel beginnt, hellt sich die Miene verunsicherter Zeitgenossen auf, denen kirchliche Räume fremd geworden sind. Hier können sie noch einstimmen, auch wenn sie den Text vielleicht erst einen Sekundenschlag nach den sangeskräftigen Nachbarn finden. Und wenn die Weihnachtschristen am Heiligen Abend bei Orgelrauschen im Fortissimo singen, schämt sich niemand für die Stolperei durch die Zeilen. Das Herz springt auch dem harten Manager und dem störrischen Teenager in der Brust, wenn er für diesen kurzen Moment zum Engelschor gehört. „Fröhlich soll mein Herze springen / dieser Zeit, / da vor Freud / alle Engel singen. / Hört, hört, wie mit vollen Choren / alle Luft / Laute ruft: Christus ist geboren!"

Die Beharrungskraft seiner Lieder bis in die Gegenwart verdankt Gerhardt nicht zuletzt dem zweiten großen Protestanten des Barock, Johann Sebastian Bach. Der Sprachkünstler war Bachs erklärter Lieblingsdichter. Diese Passion hat ihre Gründe im theologischen Reichtum wie in der Musikalität der Gerhardtschen Reime. Viele Choräle hat Bach als tragende Säulen seiner Musik aus Gerhardts Worten gebaut. So lange Bachs Passionen, Oratorien und Kantaten noch Gehör finden, finden sich noch mögliche Hörer und Hörerinnen von Gerhardt. Mögliche Hörer sind deshalb auch die, die mit dem guten alten Kirchenglauben nicht mehr viel anfangen können und oft gar nicht wissen, wessen Choräle sie singen und hören. „Oh Haupt voll Blut und Wunden, voll Schmerz und voller Hohn" – für intime Schwellenräume zwischen religiöser und ästhetischer Erfahrung sind Gerhardts Texte vermutlich noch eine ganze Weile gut. „O daß mein Sinn ein Abgrund wär" – das ist der Liederdichter für Erwachsene, die zwischen großer Kunst und kleinem Kitschbedürfnis schwanken. Der religiöse Ursprungssinn wird oft nur noch von Ferne wahrgenommen. Manchmal stellt er sich indes auch unversehens ein. Gerhardts Lyrik läßt dieses Schwanken zu und hält es aus. Viele seiner Texte sind längst auch Teil eines allgemeinen kulturellen Erbes geworden, das zu verspielen uns arm dran sein ließe, auch wenn dieses Erbe die Dimension des Gerhardtschen Glaubens weithin unbeachtet lässt.

Gerhardts Gedichte in der musikalischen Umarmung von Bach – dies Freundschaftsbündnis sei so erhaben wie eine gotische Kathedrale und so vertraut wie ein Abend mit Wollsocken an den Füßen auf dem Sofa, hat mal jemand gesagt. Das ist eine Spur despektierlich und gleichzeitig wahr. Wer hätte nicht schon mal von der herrlichen Erfindung der Wiederholungstaste an seinem CD-Spieler Gebrauch gemacht. So lassen sich die Rezitative einer Bachschen Passion mit den Evangelientexten kinderleicht überspringen und ihr Hörer gelangt von der Arie gleich zum nächsten Choral, immer und immer wieder. Nachts auf der Autobahn von München nach Leipzig oder an einem regnerischen Sonntagmittag im November. Eigentlich ungeheuerlich, dass Paul-Gerhardt-Lieder den Bibeltexten den Rang ablaufen.

Ohne Frage könnte man es nun dabei belassen, an Gerhardt festzuhalten, was uns bis heute berührt, und weiter seine Lieder zu singen, ohne den Dichter hinter seinen Texten hervorzuzerren. Doch haftet an diesen Liedern auch eine Zeit und ein Leben. Es lohnt sich, beidem auf die Spur zu kommen. Die Fährte führt ins 17. Jahrhundert. Das ist lange her. Deshalb ist es kein leichtes Unterfangen, sich dem Dichter an die Verse zu heften. Informationen über seine Biographie sind spärlich. Außer den Liedern, 139 an der Zahl, bleiben eine Hand voll Leichenpredigten, ein Testament an den überlebenden Sohn, einige handschriftliche Skizzen von Gebeten, ein paar offizielle Briefe und Eintragungen, dazu Vermerke in Kirchbüchern, Konsistorialakten und Amtsregistern. Was für schnöde Nachrichten von einem bewegten Dichterleben, dessen Markenzeichen es ist, die Herzen anzurühren. Wer sich der Person des Dichters nähert, der kommt letztlich bei all den Fortschritten in der historischen Forschung über Mutmaßungen nicht hinaus. Ein abgerundetes Charakterbild bliebe ebenso blanke Fiktion wie die minuziöse Nacherzählung seines Lebensweges. Zu groß sind die Lücken, die sich auftun. Persönliche Aufzeichnungen, Tagebücher, gar ein paar Liebesbriefe oder wenigstens intime Berichte von Freunden oder Verwandten sind nicht überliefert. So muss sich jede biographische Annäherung an das halten, was das Interesse an Gerhardt letztlich über vierhundert Jahre wachgehalten hat: an seine Lieder und an den Schattenriss einer Epoche, die als Zeitalter der europäischen Religionskriege in den Geschichtsbüchern steht.

Die Zeiten, die Gerhardt das Dichten lehrten, waren hart, soviel steht fest. Es waren Zeiten voller Widersprüche, die in beinahe allen denkbaren Bezügen bis zum Reißen gespannt waren. Gerhardt lebt in einer Welt, in der alles, die Natur, der Mensch und Gott, seine Ordnung haben soll. Und doch versinkt diese Welt im Chaos. Donnerkeile schieben sich innerhalb von wenigen Jahren zwischen die Fugen der alten politischen, religiösen und privaten Ordnung. Dreißig Jahre, von seinem elften bis zu seinem einundvierzigsten Lebensjahr, verbringt Gerhardt im Krieg. Das ist ein halbes Leben im Ausnahmezustand. Die andere Hälfte ist von den Folgen dieses Krieges gezeichnet. Unruhe ist das Vorzeichen der Epoche.

Alles ist in Bewegung. Europäische Grenzverläufe werden wie Bleistiftstriche ausradiert und neu gezogen. Flüchtlingsströme wandern ziellos durch die Lande. Epidemien und Seuchen ziehen wie marodierende Banden hinterher, angeführt vom „schwarzen Tod", der Pest. Schon das Wort löst Horror aus. Danach kommen die Soldaten und reißen die in den Abgrund, die Pest und Krankheit übriggelassen haben. Und all dies Elend schützt nicht vor privaten und beruflichen Katastrophen. Sogar das Wetter spielt verrückt. In dieser bedrohten Welt sind Angst und Verzweiflung wahrscheinliche Gefühle.

Gerhardt lebt in einer historischen Phase, in der die Religion fundamental zum Leben gehört. Ausgerechnet dieses Lebensfundament muss zur Legitimation von bis dato unvorstellbaren Greueltaten herhalten. Da ist der radikale Glaubenszweifel ein wahrscheinlicher Zustand.

Gerhardt lebt in einer Zeit, in der Sozialdisziplin wie Selbstdisziplin unveräußerliche Güter sind. Trotzdem kann keine Instanz der grassierenden Verrohung der Menschen Einhalt gebieten. Da ist die Distanz zur Welt und ein ausgeprägter Sinn für ihre Vergeblichkeit eine wahrscheinliche Haltung.

Der Dichter und seine Zeitgenossen deuten geschichtliche Ereignisse noch in den Sternen. Zeitgleich erfindet Kopernikus die moderne Wissenschaft von Monden und Umlaufbahnen. Der „kopernikanische Schock" verbreitet sich wie ein schleichendes Gift und frisst sich allmählich durch alles, was bis dahin als sicheres Wissen galt. Da ist tiefe Verunsicherung eine wahrscheinliche Folge.

Viele Menschen können zu Beginn des 17. Jahrhun-

derts nicht lesen. Gleichzeitig fallen in die Phase des dreißigjährigen Krieges beispiellose Medienkampagnen.
Grausige Bilder werden massenhaft verbreitet und gezielt
eingesetzt, um Menschen gegen Menschen aufzubringen.
Viele dieser Bilder hat Paul Gerhardt gesehen, vermutlich
schon als kleiner Junge. Da ist Skepsis eine wahrscheinliche Reaktion.

Die frühe Neuzeit ist bestimmt durch radikale Um-
brüche und eine große Sehnsucht nach Kontinuität. Das
Leben des Dichters spielt sich mitten in diesen explosiven
Widersprüchen ab. Zwischen radikaler Verunsicherung
und der Euphorie des Neubeginns hinundhergeschleu-
dert, kämpft seine Zeit um Gewissheiten nicht selten mit
den Mitteln scharfer Abgrenzung. Glaube und Hoffnung
sind da Grundhaltungen wider den Augenschein. Das
mutige, bisweilen auch trotzige Auflehnen gegen den Eindruck der Sinnlosigkeit des Weltgeschehens ist da ein un-
wahrscheinliches Talent.

In all diesen Widersprüchen ist die Zeit des Barock auf
beinahe unheimliche Weise unserer Zeit verwandt. Wir
verstehen eine Menge von Unsicherheit, von Skepsis und
von melancholischen Abschieden. Wir sind Experten für
das Zerbrechen vertrauter Weltordnungen und haben
große Kennerschaft in den Abgründen der Traurigkeit,
die Lethargie erzeugt. Radikaler Glaubenszweifel gehört
zum guten Ton der Gegenwart, ebenso wie Formen politischer Religionen, die über Leichen gehen.

„Barocke Modernität" haben Historiker deshalb die
verblüffende Nahbarkeit der Gedichte Gerhardts an unsere Grundbefindlichkeit zu Anfang des 21. Jahrhunderts

genannt. Ein großes Wort, das eine schlichte Einsicht zum Ausdruck bringen will. Paul Gerhardt, der Fremde, ist uns aus guten Gründen immer noch wie ein guter Freund. Das schließt Entrüstung, Unverständnis und so manche Irritation mit ein.

Die folgende Annäherung an sein Leben will mehr und anderes als eine makel- und lückenlose Geschichtserinnerung sein. Sie unterstellt – und darin ist sie entschieden einseitig – eine wachsende Nähe zwischen dem Lebensgefühl des großen protestantischen Dichters und uns, die wir seine Lieder singen, beten, lesen oder hören – eine Nähe, die bei aller erklärungsbedürftigen Fremdheit der theologischen, politischen und künstlerischen Welten große Orientierungsgewinne verspricht.

II. Bei Theologen und Poeten – die Bildungsjahre

Die biographische Annäherung beginnt mit einem wahrhaft barocken Experiment. In der neuen Mitte Berlins, einen Steinwurf von Gerhardts bedeutendster Wirkungsstätte, der Kirche St. Nikolai entfernt, fahre ich meinen Computer hoch und gebe das Suchwort „Gräfenhainichen" in die geographische Weltkarte von „Google Earth" ein. Dieses Wunderwerk des Computerzeitalters hätte einen Barockmenschen in Verzückung versetzt. Die Lust an der vollkommenen Abbildung der Welt haben uns die Zeitgenossen Paul Gerhardts als Vermächtnis mitgegeben. Wir haben uns zu Beginn des 21. Jahrhunderts ihren Traum erfüllt. Das Barock war detailversessen und aufs Vermessen der Zusammenhänge aus. Deshalb sind Kartographen und Landschaftsvermesser nicht von ungefähr die Helden der Zeit. Was im 17. Jahrhundert allerdings noch als ordentlicher Gottesbeweis durchgeht – eine schöne und wohlgeordnete Welt –, ist heute Zeugnis des menschlichen Erfindungsreichtums. Gemeinsam ist uns vielleicht das Bedürfnis nach dem Überblick und immer genauerer Kenntnis mit tausendfacher Maßstabsvergrößerung. Wir sind besessen davon, uns von allem ein Bild zu machen. Diese Obsession der Bilder trifft auch im Barock den Nerv der Zeit. Als frühe Vorform von Google Earth kann die „Cosmographia universalis" durchgehen, die größte Weltkarte der damaligen Zeit.

Auf dem Bildschirm entsteht die sichtbare Ordnung der Welt aus unendlich vielen Fahndungsfotos, vom gierigen Kameraauge eines Satelliten gemacht und aus dem All auf die Erde geschickt. Hier kann man die Welt aus der Perspektive des Himmels sehen: zuerst nur den Erdball, der wie eine verlorengegangene Weihnachtsbaumkugel im schwarzen Kosmos hängt. Dann mit einem Klick mit dem mausgroßen Steuerungsgerät aus der rechten Hand immer näher ran, vom Makrokosmos zum Mikrokosmos, vom Größten ins Allerkleinste. Jeder Winkel der Welt kann so ausgeleuchtet werden. Das ist fast besser als selbst da gewesen zu sein.

Schnell erscheinen die Umrisse von Deutschland auf dem Bildschirm. Ein Netz von Linien, Rastern und Adern. Dazwischen Flächen in Grüngrau. Im Geburtsjahr von Paul Gerhardt, 1607, heißt die Region noch das Heilige Römische Reich Deutscher Nation und hat weitaus raumgreifendere Grenzverläufe. Die Reformation, die beinahe ein Jahrhundert vorher das Reich in seinen Grundfesten erschüttert hat, wollte an der alten Reichsidee nichts ändern. Allerdings ist der Zusammenhalt der Fürstentümer und Territorien fragiler geworden. Notdürftig stiftet der Konfessionsfriede von Augsburg aus dem Jahr 1555 Ruhe zwischen den Herrschaftsgebieten, in denen sich der alte Glaube gehalten hat und den Fürstentümern, die sich der Reformation anschließen. Das Kaiserhaus ist katholisch geblieben. Religion ist in diesen Zeiten keine Privatsache, sondern eine herrschaftliche Angelegenheit. Den Religionsfrieden bezahlen die Gläubigen beider Konfessionen mit der Unterordnung unter einen weltlichen Herrscher. Deshalb entscheidet das Bekenntnis des Herrschers auch darüber, ob jemand evangelisch oder katholisch ist. Cuius regio, eius religio. Wer das Gebiet beherrscht, regiert auch über die religiöse Überzeugung der Untertanen. Doch so klar ist die Sache zu Anfang des 17. Jahrhunderts nicht. Immer mehr Fürsten haben den reformiert-calvinistischen Glauben angenommen. Diese zweite Fassung der reformatorischen Grundeinsichten ist im Augsburger Religionsfrieden aber gar nicht reichsrechtlich anerkannt. Schon das stiftet Unruhe, denn auch die reformierten Souveräne sind machtorientiert und erfolgreich. Damit nicht genug, die politische Lage ist noch verzwickter. Der Staat im modernen Sinne, bei dem Politik, Recht und Verwaltung zusammenlaufen, entsteht gerade erst. Die Fürsten haben nur begrenzte Gewalt. Die alten Stände, der Adel, das Handelsbürgertum in den Städten, die starken Zünfte, lassen sich von den Herrschern oft nichts sagen und pochen auf eigene Rechte. Sie haben noch ihr mittelalterliches Selbstbewusstsein, sie verweisen auf gewachsene Traditionen und streben ihrerseits nach Unabhängigkeit. Oft teilen sie nicht die Konfession des Landesherrn. In Brandenburg etwa ist der Hohenzollernfürst reformiert, die märkischen Stände dagegen sind überzeugte Lutheraner. Die Konflikte sind da geradezu programmiert. Dazu spielen die Bürger auch die Macht der ökonomischen Märkte gegen die Fürsten aus.

Viele Fürsten wiederum wollen sich nichts vom Kaiser sagen lassen. Sie wollen ihrerseits mehr Spielräume zum Handeln und Regieren. So kommt es, dass auch katholische Fürsten unzufrieden sind mit dem katholischen Kaiser und dass lutherische Bürgerstände ihrem lutherischen Fürsten ins Handwerk pfuschen. Wie angespannt die Lage ist, wenn das religiöse Bekenntnis als trennender Vorwand gebraucht werden kann, kann man sich denken. Wo Religion und Politik so eng verkoppelt sind, wird eine politische Krise schnell zu religiösem Sprengstoff. Und umgekehrt. Über dem Deutschen Reich ist gefährlich dicke Luft, an die jeden Augenblick Lunte gelegt werden kann.

Langsam zoome ich mich an das Kernland des Protestantismus heran. Da ist schon das Bild, das ich suchte: Gräfenhainichen, damals im Fürstentum Kursachsen gelegen, heute irgendwo an der Bahnstrecke zwischen Berlin und Leipzig, genauer: zwischen der Lutherstadt Wittenberg und Bitterfeld, im Norden der Dübener Heide, liegt der Geburtsort des Liederdichters. Immer näher ran komme ich, Mausklick für Mausklick. Ein Netz aus Wegen und Straßen entsteht vor meinen Augen. Wohnhäuser bauen sich auf, der Kirchturm ragt wie eine Nadelspitze ins Bild. Eine typische deutsche Kleinstadt. Fast ist mir, als könnte ich die Messingtafel sehen, die an dem Haus Nummer 7 angebracht ist, das natürlich in der Paul-Gerhardt-Straße steht. Ungefähr hier hat das Wohnhaus der Familie vor vierhundert Jahren gestanden. Die Ortsangabe ist allerdings selbst schon Spekulation.

Von Gräfenhainichen blieben nur Ascheberge, als schwedische Truppen das Ackerstädtchen im dreißigjährigen Krieg dem Erdboden gleich machten. Deshalb gibt es auch keine Spuren vom alten Herrenhaus, in dem die mit dem kurfürstlichen Gut belehnte Familie lebte, oder von der mittelalterlichen Stadtmauer, die das Städtchen vergeblich vor Eindringlingen schützen sollte. Auch die Schäfereien, Vorwerke und Mühlen stehen nicht mehr. Vielleicht sind ein paar noch brauchbare Steine aus den Ruinen in die neuen Gebäude vermauert worden, die eine genauere Geschichte erzählen können. Denn mit der Zerstörung der Stadt verbrannten auch die Kirchbücher und Dokumente. In diese Bresche kann nur die Einbildungskraft springen. An vielem kann sie sich nicht orientieren. Näher heran kommt man nämlich aus heutiger Sicht eben auch mit dieser Wundermaschine nicht – „Google Time" gibt es nicht. Die Zeitmaschine ist noch nicht erfunden.

Am 12. März des Jahres 1607, am Tag Gregorii, wird dem Ehepaar Christian und Dorothea Gerhardt ein Junge geboren, der Paul genannt wird. Er selbst bevorzugt später die lateinische Fassung seines Namens: Paulus. Es gibt schon einen älteren Sohn, Christian. Später bekommt der kleine Paul noch zwei Schwestern, Agnes und Anna. Der Vater ist einer der drei Bürgermeister in dem kleinen Ackerstädtchen. Ungefähr tausend Einwohner hat der Ort zu dieser Zeit. Christian Gerhardt hat eine Schankkonzession und bewirtschaftet einen Hof, die Mutter kommt aus einem Pfarrhaus in der Nähe. Als Herrin über einen größeren Haushalt mit Familie und Gesinde ist sie auch Herrin über die Lebensmittel. Die Frau herrscht über die Bäckerei, die Schlachterei und – heute kaum vorstellbar, aber damals üblich – auch über den Brauereibetrieb. Bier gehört als Hauptnahrungsmittel schon bei Kindern auf die Speisekarte, bevor Kaffee und Tee sich als Alltagsgetränke verbreiten. Es ist Nahrungsmittel und Genussmittel in einem. Schon die Kleinen beginnen den Tag mit einer Biersuppe. Und der Abend endet mit einem Schoppen oder zwei. Gegen Ende des Lebens wird der Gerstensaft in Gerhardts Leben noch einmal eine Rolle spielen.

Paul wächst in recht begüterten Verhältnissen auf. Die Quelle für diese Vermutung sind die hohen Steuern der Familie Gerhardt, die sorgsam Jahr für Jahr in die Bücher des Kämmerers eingetragen wurden. Fast sieht man schon ein keckes Kerlchen im Leinenwams und mit aufgeschrammten Knien zwischen den Scheunen umherhüpfen, während er ein lustiges Liedchen pfeift – das Bild eines ländlichen Idylls, das der Phantasie mit Versen aus einem Gerhardt-Lied eine strahlende Sonne und ein paar Schwälbchen an den Himmel zaubert.

> *Die güldne Sonne,*
> *Voll Freud und Wonne,*
> *Bringt unsern Grenzen*
> *Mit ihrem Glänzen*
> *Ein herzerquickendes liebliches Licht.*
> *Mein Haupt und Glieder,*
> *Die lagen darnieder,*
> *Aber nun steh ich,*
> *Bin munter und fröhlich.*
> *Schaue den Himmel mit meinem Gesicht.*

Doch über dem Horizont der Dübener Heide zeigen sich im März 1607 schon schwere Gewitterwolken. Das Wetter ist außer Rand und Band. Kalte Winter und nasse Sommer gefährden die Erträge in der Landwirtschaft. Das Korn verschimmelt auf den Feldern und die Birnen fallen im Herbst faulig auf den Boden. „Kleine Eiszeit" nennen die Wetterkundler diese Lage. Paul Gerhardt hat Jahrzehnte später selbst einen „Buß- und Betgesang bei unzeitiger Nässe und betrübtem Gewitter" geschrieben. Die ungewöhnlichen Witterungsbedingungen lösen Weltangst aus:

Drum strecken auch all Element
Hier wider uns aus ihre Händ,
Angst kommt aus unser Tief und See,
Angst kommt uns aus der Luft und Höh.

Harte Zeiten für die, die von Ackerbau leben müssen. Aus dem Süden des Reiches dringt ein fernes Donnergrollen. Eine erste Probe auf die politische Krise und ein Vorgeschmack auf das, was das halbe Jahrhundert prägen wird, ereignet sich im Geburtsjahr von Paul. Im Frühjahr besetzen bayrische Truppen auf Geheiß des Kaisers die evangelische Reichsstadt Donauwörth. Der Vorwurf: die Protestanten hätten katholische Prozessionen gestört. Die Stadt wird zwangskatholisiert. Alle, die evangelisch bleiben wollen, müssen flüchten. Dieser Vorfall wird von den protestantischen Fürsten als Verstoß gegen den reichsrechtlich vereinbarten Religionsfrieden von Augsburg verstanden. Eine militärische Drohkulisse soll den Druck erhöhen, der vorerst nur politisch ausgespielt wird. Doch der Fall von Donauwörth eilt wie ein Lauffeuer durch die protestantischen Lande. Mittels Flugschriften und Predigten lassen sich schon zu Beginn des 17. Jahrhunderts Stimmungen erzeugen. Spannung liegt über dem Reich, die nur darauf wartet, sich zu entladen.

Als da noch ein Komet mit flammendem Schweif über den deutschen Nachthimmel jagt, legen die Menschen den Kopf in den Nacken, zeigen mit zitternden Fingern aufs Firmament und deuten auf gefährliche Jahre. Zwischen Alltag und herannahender Katastrophe wächst der kleine Paul Gerhardt heran. Dieser Alltag zeigt vermutlich noch wenige Risse in der Ordnung. Das Leben orientiert sich an der Familie, an der Kirche und am Staat. Alle drei Lebensbereiche sind eng aufeinander bezogen und werden kaum voneinander unterschieden. Der „Pater familias" sorgt sich als Hausherr um Frau, Kinder und Gesinde. Die Kirche sorgt sich um den Hausvater. Der Staat sorgt sich um die Kirche. Das Zentrum dieser geordneten Welt ist der christliche Glaube. Tägliche Gottesdienste und Hausandachten geben den Rhythmus der Woche vor, das Kirchenjahr ordnet den Lauf des Jahres. Über hundert Feiertage hat das Jahr da noch. Die Kirche ist der zentrale öffentliche Platz. Beerdigungen, Hochzeiten und Feste werden als öffentliches Ritual begangen. Musik verbindet die drei Lebensorte. Sie spielt eine große Rolle im Alltag der Menschen. Kantoreien, Schülerchöre und Stadtpfeifereien beteiligen sich auf ihre Weise an den Gottesdiensten, Ritualen und Festen. Mit Figuralmusik, also mehrstimmigen Chorgesängen, die mit Instrumenten begleitet werden, mit einstimmigen Hymnengesängen, Volksweisen und alten Kirchenliedern. In Sachsen ist diese Chorkultur besonders kräftig ausgeprägt. Religiosität und Kultur sind hier ungeschieden. Noch heute verbinden sie sich zwanglos für anderthalb Stunden, wenn die Thomaner oder die Kruzianer ihre Konzerte geben. Die musikalischen Wurzeln dieser weltbekannten Chöre aus Leipzig und Dresden reichen zurück bis in diese Zeit.

Der Gottesdienst ist nicht nur ein Ort der Verkündigung von göttlichen Dingen. Er lässt auch Raum für die Verlautbarung von weltlichen Dingen. Hat der Landesherr ein Gesetz geändert, erfahren die Menschen das im Gottesdienst. Müssen wegen einer ansteckenden Krankheit Hygienevorschriften beachtet werden, wird es den Leuten im Gottesdienst gesagt. Im Gottesdienst sind der Fürst dieser Welt und der Herrscher des Territoriums gleichzeitig anwesend. Das ist die Vorstellung von einer wohlgeordneten Gesellschaft und „guter Polizey", die die Sicherheit in allen Belangen des Lebens gewährt. Vor dem Horizont dieser Vorstellung von der Wohlordnung der Welt bilden sich die Konfessionskulturen aus und umgreifen jeden Aspekt des Lebens.

Die große Macht über das Leben der Menschen hat der Landesherr aus religiösen Gründen. Er ist der Ordnungsgarant, dem Gott selbst die Herrschaft anvertraut hat. Doch diese Macht ist nur geliehen. Eine Liedstrophe, die Gerhardt später einmal dichten wird, bringt diese Leitvorstellung mit Nachdruck auf den Punkt. So gilt auch für den Fürsten:

Bist du doch nicht Regente,
Der alles führen soll.
Gott sitzt im Regimente
Und führet alles wohl.

In Paul Gerhardts Welt ist dieser Glaube geprägt vom Luthertum. Die theologischen Grundeinsichten Martin Luthers und Philipp Melanchthons haben sich im Laufe von Jahrzehnten zu einem ganzheitlichen Lebensstil entwickelt. Konfessionskultur, das meint weit mehr als nur das, was an richtigen Einsichten über Gott und den Menschen gelernt und bekannt wird. Die Konfessionskultur bestimmt den ganzen Alltag, die Perspektive auf Ehe und Erziehung, auf Handel und Regierung, auf Kunst und Unterhaltung. Dazu verhilft neben der alltäglichen Frömmigkeit auch eine kämpferische Theologie, die dieses Lebensprogramm nach innen und nach außen verteidigt. Polemisch und scharfzüngig werden die angegriffen, die andere Überzeugungen haben. Grund für diese kämpferische Selbstverteidigung wie für den theologischen Angriff ist das Gefühl der Bedrohung. Die katholische Gegenreformation hat in mehreren Gebieten den evangelischen Einfluss zurückgedrängt und wurde auch als geistiger Impulsgeber wieder mächtiger. Der Calvinismus, der zuerst nur im Westen Europas erfolgreich war, hat auch Fürstentümer in unmittelbarer Nachbarschaft zum lutherischen Kernland überzeugt. Das Fürstentum Anhalt ist reformiert geworden. Auch die Hohenzollern, die in Brandenburg regieren, haben die Konfession gewechselt.

Innere Gewissheit und gemeinsame Identität wird gegen das Gefühl der Bedrohung durch Abgrenzung gewonnen. Auf diesem Weg wurden endlich auch die innerlutherischen Zänkereien geschlichtet. Ohne diesen Klärungsprozess hätte sich das Luthertum nie stabilisieren können. So entstehen grundlegende Bekenntnistexte für die Kirchen der Reformation, auf die sich alle einigen und die fortan Richtschnur und theologische und politische Orientierung bieten. Nicht selten unterstützen Landesherren diese Einigungsprozesse – symbolisch und finanziell. 1563 einigen sich in der Kurpfalz die Calvinisten auf das Heidelberger Bekenntnis. Die Lutheraner finden 14 Jahre später die „Konkordienformel", die 1580 ins „Konkordienbuch" aufgenommen wird. „Konkordie" kommt aus dem Lateinischen und hat eine schöne ursprüngliche Bedeutung: „Gemeinsamen Herzens" soll das religiöse Bekenntnis gelebt und bezeugt werden. Es geht also um mehr als um reine Lehre oder schlüssige Satzwahrheiten, die in dickleibige Folianten gebunden sind. Es geht vielmehr um die Entstehung eines Gemeinschaftsgefühls auf gründlicher theologischer Basis und gemeinsamer religiöser Grammatik. Was so trocken und abgestanden klingt, ist genaugenommen eine Art religiöse Sprachschule, die dazu verhilft, den christlichen Glauben zum angemessenen Ausdruck zu bringen. Die Grundlage der Lehre ist also viel mehr als eine Bedienungsanleitung für Schulfüchse, die das Wissen über Gott und die Welt genau vermessen wollen, oder für Kompromissler, die nicht eher Ruhe geben, bis alle die gleichen Paragraphen unterschreiben. Die Bekenntnisbücher und Formeln sind im damaligen Verständnis eine Grundlage fürs Leben und wollen nicht weniger als Antworten geben auf wesentliche Lebensfragen, die die Menschen beschäftigen. Dieser existentielle Ernst, der mit Bekenntnisformeln einhergeht, ist uns heute verloren gegangen. Das mag in der einen oder anderen Frage Frieden stiften. So mancher faule Friede wird allerdings mit einer Sprachlosigkeit erkauft, die weniger mit Konsensen denn mit Wahrheitsvergessenheit zu tun hat. Denn Wahrheitsansprüche verpflichten.

Deshalb haben auch die Landesherren ein Interesse daran, dass die lieben Untertanen sich genauso an die Bekenntnisse halten wie an die Steuergesetze. Pfarrer sind genauso wie Richter und leitende Beamte des Landesherrn auf die Bekenntnisschriften verpflichtet. Das schafft Einheit und sorgt für Disziplin im Land. Auch wenn sich bisweilen auf Kathedern, in Kanzleien und auf Kanzeln reichlich weltliche Motive in die Sorge um religiöse Wahrheit mischen, von persönlicher Eitelkeit über akademischen Ehrgeiz bis hin zu schnöder Rechthaberei oder Machtgelüsten. Für den Lebensweg Gerhardts werden die „Konkordien" in Formel und Buch noch eine große Rolle spielen.

Weil bei diesen theologischen Rangeleien nicht weniger auf dem Spiel steht als die grundlegende Frage, wie wir leben sollen, kommt es immer wieder zu Konflikten. Vor allem dann, wenn dem weltlichen Herrscher das religiöse Profil seiner Untertanen zu kämpferisch ist, weil seine politischen Interessen sich wandeln oder wenn er dafür sorgen muss, dass unterschiedliche Konfessionskulturen halbwegs friedlich nebeneinander existieren, prallen der politische Pragmatismus und die theologische Überzeugung gegeneinander. Religionsdiplomatie ist deshalb eine ziemlich wichtige Angelegenheit zu Beginn des 17. Jahrhunderts.

Ausdruck der Konfessionskultur ist auch das Jahr 1617. Die Reformation wird einhundert Jahre alt. In allen protestantischen Landen sind Feiern und Dankgottesdienste angesagt. Die Katholiken wollen natürlich nicht zurückstehen. Der Papst lobt extra ein Ablassjahr aus. Das ist eine provozierende Geste. Schließlich entzündet sich Luthers Zorn über seine Kirche vor allem am Ablasshandel. Die Centarfeier des Thesenanschlags von Martin Luther ist auch ein Medienspektakel. Hunderte von Flugschriften hetzen, je nach Standpunkt, gegen den alten oder gegen den neuen Glauben. Sogar Feste und Gedenktage können polemischen Charakter haben und dem Gegner eine lange Nase machen. In erster Linie wird die Hundertjahrfeier jedoch als Freudenfest gefeiert. Von Lübeck bis Kempten, von Straßburg bis Eisleben finden sich die Menschen in Gottesdiensten ein. Einen Tag lang macht auch der innerevangelische Streit Pause. Alle erinnern sich zusammen an die Glaubensfestigkeit Luthers, der Papst und Fürsten für die Freiheit seines Glaubens die Stirn geboten hat.

Wann hat der kleine Paul zum ersten Mal von seinem Großvater gehört? Hat die Mutter ihn eines verregneten Sonntagnachmittags auf ihren Schoß gezogen, um ihm die Geschichte ihres Vaters zu erzählen? Sicher gehörte diese Geschichte zum Familienschatz. Der evangelische Superintendent aus dem nahen Eilenburg hat sich aus Glaubensgründen mit dem Kanzler des Kurfürsten angelegt. Der Herrscher über das ernestinische Sachsen wollte nämlich das Luthertum ein wenig mehr reformieren, als die sächsischen Theologen der Reformation das vorgesehen hatten und verbot die Praxis, anlässlich der Taufe eine Austreibung des Bösen durchzuführen. Mit kurfürstlichem Befehl wurde gegen den Exorzismus vorgegangen, den auch die lutherischen Geistlichen praktizierten. Caspar Starke, der Vater von Pauls Mutter, gehört zu denen, die sich weigern, der behördlichen Anordnung Folge zu leisten. Er wird kurzfristig des Amtes enthoben. Erinnert sich Gerhardt an diesen mutigen Vorfahren, als er Jahrzehnte später selbst mit dem Kurfürsten in Konflikt gerät? Ist der imposante Verwandte das kindliche Vorbild geworden? Für den Kampf der Konfessionskulturen trainieren ja schon die kleinen Kinder. Die Schule trägt das Ihre dazu bei. In der Stadtschule von Gräfenhainichen erhält der kleine Junge eine Grundausbildung im Lesen und Schreiben, hier lernt er die Katechismen, hier erhält er mit Sicherheit erste Kenntnisse in Latein und Musik. Schon in den Lehrplänen für jüngere Schüler scheint etwas von dem Bildungsideal der Zeit auf. Dieses Bildungsideal orientiert sich immer noch in Grundzügen an humanistischen Traditionen der mittelalterlichen Gelehrtenrepublik. Deshalb haben alte Sprachen, besonders Latein, eine herausgehobene Stellung. Latein ist keine Fremdsprache und schon gar keine „tote" Sprache, sondern die lebendige Sprache der Gelehrten, die sich so über alle Grenzen hinweg in ganz Europa verständigen können. Bildung, das heißt: hineingezogen werden in den Strom der philosophischen, theologischen und poetischen Überlieferungen der Antike. Was so alt ist, genießt großen Respekt. Grammatik und Übersetzungsübungen bestimmen deshalb einen großen Teil der Schulstunden. Daneben tritt die Einübung ins Christentum – selbstverständlich nur in der lutherischen Variante. Die Bibel steht als Quelle des Glaubens, als Weisheitsschatz und als Geschichtenbuch des Christentums im Zentrum. Dazu kommen die Katechismen und ihre Auslegungen als neue Klassiker des Glaubens. Bildung ist zu Beginn des 17. Jahrhunderts eine Mischung aus Zucht und Prägung – ein Prozess des Formens. Für das Verhältnis von Lehrer und Schüler haben die Pädagogen deshalb ein Lieblingsbild: Es ist die Urszene des Bildhauers und seiner Skulptur, die langsam über die Meißelschläge des Meisters aus dem Marmorblock entsteht und so nach Idealmaßen zum Leben erweckt wird. Der Weg zur Gestaltung der Persönlichkeit liegt im Memorieren, im Nachahmen und im Auswendiglernen. Mündlichkeit und Hörbarkeit spielen im Unterricht eine große Rolle. Wenn die alten Worte auf der eigenen Zunge gewalzt und massiert werden, werden sie allmählich zu eigenen Worten. Wenn die Stimme großer Autoritäten mit der eigenen fisteligen Jungensstimme ans Ohr gerät, werden die eigenen Lehren draus, die sich, selbst gesprochen, viel leichter beherzigen lassen. Was wichtig ist, sollen die Schüler auf Dauer nicht in Büchern nachschlagen. Sie sollen es immer bei sich haben. Im Kopf und im Herzen. So wird das tote Material beinahe automatisch lebendig. Es fügt sich in die Erfahrungen der Schüler ein und kann je und je seine Wirkung entfalten. Das ist Überlebenswissen.

Bildungsreformer wie Philipp Melanchthon haben daran festgehalten, dass nichts so wichtig ist wie Lesen und Schreiben. Die Klassiker der Antike sind ein gutes Rüstzeug fürs Leben. Sie im Original lesen zu können, gehört zur Grundausstattung eines gebildeten Menschen. Melanchthon fand allerdings auch, dass dieses Privileg nicht nur für eine kleine Schicht von Gelehrten da sein sollte. Möglichst viele sollten in diesen Genuss einer Schulausbildung kommen. Freie Christenmenschen sollen selbst in der Heiligen Schrift lesen können. Sie sollen wissen, was sie bekennen und souverän Ausdruck geben können über Glaubensdinge. Dieses Ziel ist im frühen 17. Jahrhundert auch im protestantischen Ursprungsgebiet noch lange nicht erreicht. Erntezeiten unterbrechen die Schule immer wieder, viele Eltern schicken ihre Kinder gar nicht zum Unterricht, weil sie auf die Arbeitskraft nicht verzichten können.

Bei den Gerhardts ist das offenkundig anders. Bildung spielt eine große Rolle. Christian, der Älteste, wird auf die Fürstenschule nach Grimma geschickt. Hier läßt der Fürst die Elite seines Landes ausbilden. Die Karrieren der Schüler sind vorprogrammiert. Sie werden Richter, Pfarrer und hohe Beamte im Dienste des Herrscherhauses. Doch dann gerät die Welt zum ersten Mal aus den Fugen. Paul ist kaum 13, als er und seine Geschwister innerhalb zwei Jahren zu Vollwaisen werden. Über die Todesursache von Vater und Mutter wissen wir nichts. Doch ist diese Erfahrung der erste große Schicksalsschlag, der den Jungen erwischt. Schwestern und Brüder werden auseinandergerissen. Hier zeigt sich die brutale Seite einer Gesellschaft, die davon überzeugt ist, dass jedem sein Platz und seine soziale Stellung im Rahmen einer gottgewollten Ordnung zugewiesen wird. Diese Ordnung kennt nur wenige Spielräume. Sie unterscheidet deutlich zwischen Mädchen und Jungen. Und sie unterscheidet zwischen Armen und Reichen, zwischen Waisen und

Menschen mit Familie. Während Christian und Paul weiter auf die besten Schulen gehen werden, wendet sich das Schicksal der beiden Mädchen ungleich dramatischer, als sie zu Waisen werden. Agnes, die jüngste, trifft es vermutlich den Umständen entsprechend noch ganz gut. Sie kommt zu entfernten Verwandten in den Harz und heiratet später einen Ratskämmerer. Wie ihre Brüder hält sie den Kontakt zur Heimat. Annas Weg verläuft trauriger. Wir kennen ihn, weil die Leichenpredigt nach ihrem Tode gedruckt wurde, der, wie damals üblich, ein Lebenslauf hinzugefügt ist. Die Predigt ist dem „ehrwürdigen, großachtbaren und wohlgelehrten Herrn Paulo Gerhardten" gewidmet. Der ist da schon ein berühmter Liedermacher. Daraus geht hervor, dass Anna nicht einmal ihren Geburtstag gekannt hat. Anna wird als junges Mädchen in einer fremden Familie aufgenommen und arbeitet später bis zum Ende ihres Lebens als Zofe für die Gräfin Maria Magdalena von Schwarzburg-Rudolstadt. Als Tochter eines vermögenden Bauern wäre sie eine gute Partie gewesen. Sicher hätte sie geheiratet, vielleicht einen Pfarrer oder einen Lehrer. Der Prediger Johann Hofmann stellt fest, die Schwester Gerhardts habe „beizeiten erfahren, dass ihr Leben eine mühselige Wallfahrt sei, worauf ihr, wie sie auch öfter gegen mir erwähnet, manch saure Wind ist unter die Augen gestoßen und sei mit Krieg, Pest und Teuerung und bösen Zeiten überfallen worden." Das harte Leben, das hinter diesen Worten steht, kann man nur erahnen.

Auch Paul hat wenig Zeit, mit dem doppelten Verlust von Vater und Mutter zurecht zu kommen. Als Halbwüchsiger folgt er seinem Bruder 1622 auf die Fürstenschule nach Grimma. Die Familie kann für seinen Aufenthalt zahlen. Auf ein Stipendium ist er nicht angewiesen. Das Erbe, das von Verwandten treuhänderisch verwaltet wird, ist wohl groß genug, um das Schulgeld zu bezahlen. Grimma liegt an der Mulde 30 Kilometer südöstlich von Leipzig. Die Schule ist in einem ehemaligen Augustinerkloster untergebracht, das nach der Reformation an den Fürsten gefallen ist. Fast hundert Schüler leben im Internat. Hier verwirklicht der Landesherr seine protestantischen Bildungsideale. Der Bildungsauftrag ist klar umrissen. In der Schule soll „die Jugend zu Gottes Ehren und im Gehorsam erzogen, in den Sprachen und Künsten und vornehmlich in der Heiligen Schrift gelehrt und unterwiesen werden, auf dass es mit der Zeit an Dienern der Kirche und anderen gelehrten Leuten in unserem Land keinen Mangel gebe." Der kleine Paul ist nicht der einzige, dessen Grundlagen für den späteren Weg als Dichter hier gelegt werden. Auch Gotthold Ephraim Lessing und Friedrich Gottlieb Klopstock absolvieren ein Jahrhundert später eine der drei Fürstenschulen in Sachsen.

Nicht nur die Gebäude sind klösterlich. Die Schlafräume sind nicht heizbar. Nur in Refektorium, dem Speisesaal, und Unterrichtszimmern brennen im Winter Feuer. Auch der Schulalltag hat noch viel vom klösterlichen Leben. Die Schüler sind mit Schalaunen bekleidet. Das sind grobgewebte Gewänder, die aussehen wie Kutten ohne Ärmel. Die Säume werden ganz fransig im Laufe der Jahre, weil sie über die Steinböden schleifen. Laufen und Toben können die Jungen in dieser Kleidung sicher nicht. Der Tagesablauf erinnert ebenfalls an das Leben der Mönche. Die Lerngemeinschaft ist eine eingeschworene Lebensgemeinschaft, denn die Familie bekommt die Zöglinge nur noch selten zu Gesicht. Schließlich machen die Wirren der Welt auch nicht vor dem Schultor Halt. Als 1618 der Krieg ausbricht, wird immer wieder das Essen knapp. Viele Schüler sterben an ansteckenden Krankheiten. Da ist ein fester Rhythmus ein echter Orientierungsgewinn. Die Tage wechseln gleichförmig zwischen Andacht und Unterricht. Für Privates ist in diesem Knabenpferch genauso wenig Raum wie für ausgiebige Mußestunden. Auch für damalige Vorstellungen ist der Drill offenbar nur schwer erträglich. Manch ein Junge zerbricht an der harten Schule oder büxt aus. Pauls Bruder Christian ergreift 1623 die Flucht. „Ohn Anzeigung einziger Ursach", wie es heißt. Er kehrt nur kurz zurück, um dann endgültig entlassen zu werden. Paul Gerhardt, nun vollends auf sich gestellt, harrt aus und erhält eine hervorragende Ausbildung. Zu den üblichen Lateinstunden kommt nun auch die Einführung ins Dichten. Die Schüler lernen die Traditionen der Rhetorik und der Poetik kennen. Dazu müssen sie selbst lateinische Gedichte schreiben, die den Stil der großen Vorbilder imitieren. Auch Theater spielen sie auf Latein. So trainieren die Zöglinge Versmaße, poetische Regeln und Sprachrhythmen. Sie lernen die Palette sprachlicher Bilder virtuos einzusetzen und in Redeübungen das Publikum zu überzeugen. So steht die Sprache mit ihren Möglichkeiten im Mittelpunkt des Unterrichts. Beredsamkeit ist keine verzichtbare Kompetenz, die die Lehrer willkürlich in den Mittelpunkt der Erziehung stellen. Am Sprachvermögen mag die Qualität von künftigen Richtern und Pfarrern liegen. Am Sprachvermögen hängt letztlich das Menschsein selbst. Nur wer sich ausdrücken kann, stiftet und fördert den Gemeinschaftssinn. Nur wer sich artikulieren kann, zeigt, wer er ist. Das ist die feste Überzeugung der Lehrer in Grimma. Ihnen ist der Heilige Geist der erste und vorzüglichste Rhetoriker. Das fand schon Martin Luther. Hat es nicht sogar Gott gefallen, sich in Zeichen und Sprache mitzuteilen?

Der Religionsunterricht unterscheidet sich deshalb nicht sehr von dieser Methode des Lernens, die im Grammatik- und Rhetorikunterricht angewandt wird. Hier wird anhand des Compendiums des Wittenberger Theologieprofessors die lutherische Lehre geschult, ein Frage- und Antwortschema, damit den Schülern kein Lehrstück entgehe. Am Ende kann Paul „den Hutter" entlangturnen wie an einem Geländer. Er kennt das Lehrbuch mit Sicherheit auswendig, weil alle Schüler es aufsagen können. Neben dem Latein lernen die Jungen jetzt auch Griechisch. Sie lernen Homer kennen, vertiefen sich in die großen Tragödien des Euripides, die Dichtung von Vergil und Pindar. Das Leben in der Eliteschule ist allerdings nicht so blutleer, wie es auf den ersten Blick aussieht. Auch die Musik spielt eine große Rolle im Lehrplan. Es trifft sich gut, dass sie in der humanistischen Bildungstradition als ein Element der „freien Künste" genauso wichtig ist wie in der Theologie des sächsischen Luthertums. Rhetorik und Musik sind nämlich verschwistert. Grundlegend für diese Ansicht ist das große Kapitel über die

Musik von dem lateinischen Rhetoriklehrer Quintilian, der selbstverständlich auf dem Lehrplan stand. Musik übertrifft die Rede, wenn es darum geht, die Affekte des Menschen anzusprechen. Orpheus und David sind die Vorbilder für die Wirkkraft der Musik. Sie ist, der Dichtung gleich, eine Sprache des Gefühls, die Seelen verzaubern und Atmosphären verwandeln kann. Der christliche Glaube dringt auf diese Weise in tiefe Schichten des Bewusstseins vor. Kein Wunder, dass nicht erst Johann Sebastian Bach ein großer Leser von Quinitilian gewesen ist. Schon Martin Luther schätzt dessen Entdeckungen:

„Die Erfahrung bezeuget, dass nach dem heiligen Wort Gottes nichts so billig und hoch zu rühmen und zu loben, als eben die Musica, nämlich aus der Ursach, dass sie aller Bewegung des Menschlichen Herzen eine mächtige und gewaltige Regiererin ist. Denn nichts auf Erden ist kräftiger, die Traurigen fröhlich, die Fröhlichen traurig, die Verzagten herzhaftig zu machen, die Hoffertigen der Demut zu reizen, die hitzige und übermäßige Liebe zu stillen und zu dämpfen, den Neid und Hass zu mindern. Wer kann alle Bewegungen des menschlichen Herzen, welche die Leute regieren und dieselbige Bewegung des Gemüts im Zaum halten und regieren, sage ich: ist nichts kräftiger als die Musica." Im Jahr 1538 schreibt Luther diese kleine Einführung in die religiöse Musiktherapie.

Schon um die hundert Rabauken zu bändigen, ist Musik in der Schule ein wirksames Mittel. Musik sorgt auch dafür, dass die Lehren des Christentums nicht nur im Verstand der Schüler hängenbleiben. Pro Woche sind deshalb mehrere Chorstunden angesetzt. Dazu werden die Schüler in die Theorie der Musik eingeführt. Auch die Kunst auf dem Instrument wird in Grimma gelehrt. Hat der junge Paul dort ein Instrument gelernt? Hatte er eine jener klaren Sopranstimmen, die aus Bengeln Engel werden lassen, sobald sie zu singen anfangen? Oder brummelte er ganz hinten im Knabenchor? Hat er sich lieber aufs Verzieren der Worte versteift, weil andere für die Musiziererei begabter waren? Wir wissen es nicht. Die erhaltenen Zeugnisse sprechen von einem mittelmäßigen Schüler. Auch im Verseschmieden erhält er keine Bestnoten. Ganz gleich, ob er viel oder weniger gelitten hat, als Paul Gerhardt die Schule im Jahr 1627 nach erfolgreicher Abschlussprüfung verlässt, wird er auch aus einem behüteten Lebenszusammenhang gerissen.

Am 2. Januar 1628 schreibt er sich als Student in der Wittenberger Universität ein. Die Hochschule ist seit den Tagen der Reformation ein attraktiver Studienort. 600 Studenten sind an der Leucorea eingeschrieben. Hier war Luther zuhause. Hier lehrte der große Philipp Melanchthon, Luthers genialer Weggefährte und Universitätspolitiker. Das Studentenleben ist in dieser Zeit allerdings nicht nur lustig. Ritualisierte Schikanen, Saufgelage und Gewaltexzesse sind auch in der frommen Hochburg des Luthertums an der Tagesordnung. Da wird schon auch mal der Säbel gezogen ... Dazu steht Wittenberg im Ruf, seit Anbeginn ein Hort konservativen Luthertums zu sein. Immer wieder werden missliebige Professoren von ihren Lehrstühlen vertrieben und müssen sich eine neue Existenz an einer anderen Universität aufbauen. Selbst der Schwiegersohn von Melanchthon, ein bedeutender

Mediziner und Philosoph, muss Wittenberg überstürzt verlassen, weil die Hüter der reinen theologischen Lehre ihn der Neigung zu calvinistischem Gedankengut verdächtigen.

Gerhardt wird das nicht geschreckt haben. Er beginnt vermutlich mit den Studien an der Artistenfakultät und wechselt später ins theologische Hauptfach. Die Theologie in Wittenberg erlebt in diesen Jahren eine Blütezeit. Das mag mit dem festen Willen zu tun haben, eine klare konfessionelle Identität auszubilden. Deshalb treten neben die dogmatischen Fächer auch Themen der Seelsorge und der Predigtkunst. Auf diese Weise kommt die Redekunst wieder zu theologischen Ehren. Auch die soziale Frage, die als Nachhut der Kriegs- und Seuchenjahre immer wieder aufbricht, ist Thema von Vorlesungen. Aber auch der Geist der wissenschaftlichen Neugier ist vital. Da ist die Beschäftigung mit den geheimnisvollen Sprachen, die die Bibel beeinflußt haben könnten. 1628 wird in Wittenberg jemand zum Professor gemacht, der diesen Geheimnissen auf der Spur ist. Er trägt den schönen Namen Martin Trost und ist einer der ersten Orientalisten. Rabbinische Gedanken werden ebenfalls erforscht und mit der heiligen Schrift in Verbindung gesetzt. Einmal mehr ist die Achtung vor den alten Sprachen Motor für neue theologische Fragen.

Sicherlich ist Paul Gerhardt fasziniert von dem großen Gelehrten Paul Röber, der es wie kein anderer vermag, mit Wortwitz und sprachlicher Eleganz seine Hörer zu verzaubern, ob im Hörsaal oder im Gottesdienst. Röber hat viele Talente. Er ist Stadtprediger und interessiert sich für Poesie, Musik und Astronomie. Er ist sehr reich und prangert soziale Missstände an. Beides ist ungewöhnlich für einen Gelehrten des Luthertums. Röber predigt mit Leidenschaft über Lieder. Er lotet ihre Tiefen aus, die beim Singen so oft verloren gehen und behandelt sie beinahe wie biblische Texte. Das wertet die Liedkunst weiter auf. So prägt er einen neuen Frömmigkeitsstil. Außerdem dichtet er selbst geistliche Lieder, die für die Ausdruckskraft ihrer Bilder bekannt sind. Paul Gerhardt hat eines von ihnen umgeschrieben. „Oh Tod, oh Tod, schreckliches Bild" lässt der Lehrer sein Lied beginnen.

> *O Tod, o Tod,*
> *Du greulichs Bild*
> *Und Feind voll Zorns und Blitzen,*
> *Was machst du dich so groß und wild*
> *Mit deiner Pfeile Spitzen?*
> *Hier ist ein Herz,*
> *Das dich nicht acht,*
> *Und spottet deiner schnöden Macht*
> *Und der zerbrochnen Pfeile.*

Hier wird der Tod selbst zu einem Hassprediger, der mit seinen vergifteten Spitzen auf das Herz des Gegners zielt und ein „greulich Bild" in der Phantasie festsetzt. Gerhardt spielt hier mit einem beliebten Gleichnis aus der antiken Redekunst. Das Vorbild des Lehrers macht ihn selbst kreativ und spornt zur verbesserten Wiederholung an. Das meint „Nachahmung" im anspruchsvollen Sinne des Wortes.

Über die Wittenberger Jahre Gerhardts ist nicht viel mehr bekannt. Ab 1634 melden sichere Quellen ihn als Hauslehrer in der Familie des Magisters Fleischhauer. Wer Wittenberg heute besucht, kann an der Collegienstraße und an der Fronleichnamskapelle Schrifttafeln finden, die an Paul Gerhardt erinnern. Es handelt sich um Vorder- und Rückseite des gleichen Hauses, in dem die Familie wohnte. Fleischhauer ist Pfarrer an der Stadtkirche zu Wittenberg. Der Rest bleibt Spekulation. Die eine oder andere Phantasie ist allerdings ziemlich wahrscheinlich. So hat Gerhardt hier nicht nur „den Hutter" weiter traktiert, sich in theologischer Dialektik geübt und in inszenierten Streitgesprächen an Argumentationsschärfe gewonnen. Das einzige Zeugnis, das eine Momentaufnahme des Studenten Gerhardt zeigt, setzt ihn als Disputanten zu Fragen der Logik ins Bild. Disputationen sind Wortduelle vor Publikum und waren eine Hauptform des akademischen Unterrichts. Hier wurde Treffsicherheit genauso geschult wie die Lust am Streit um die Wahrheit.

Gerhardt hat hier auch die Schriften von Johann Arndt kennengelernt. Arndt würzt sein Luthertum mit einer kräftigen Prise mystischer Tradition. Das macht ihn bei dem einen oder anderen verdächtig, aber auch ungeheuer erfolgreich für die junge Generation von angehenden Geistlichen. Seine Theologie drängt in den Alltag. Sie polemisiert gegen akademische Kopfgeburten und experimentiert mit Formen angewandter christlicher Lebenskunst. Die „Vier Bücher vom wahren Christentum" erreichen hohe Auflagen. In ganz Europa werden seine Erbauungsbücher und sein Gebetsbuch, das „Paradiesgärtlein" gelesen. Arndt ist vermutlich der erste lutherische Theologe, der als katholische Entdeckung gepriesen wird. Einem evangelischen Geistlichen wird in der Jesuitenbibliothek in Madrid das Arndtsche Erbauungswerk als katholisches Andachtsbuch gezeigt, um die Überlegenheit der altgläubigen Frömmigkeit zu unterstreichen.

Paul Gerhardt zeigt in seinen Liedern, wie beeindruckt er von der Lektüre gewesen sein muss. Johann Arndt findet eine Sprache für den intimen Dialog mit Gott. Er schöpft aus der erotischen Bildsprache des Hohelieds und nimmt Traditionen der Liebesmystik auf. Außerdem entdeckt er das Erbe der religiösen Naturphilosophie neu: Sie sieht in der Schöpfung das zweite Offenbarungsbuch Gottes. Ein Gedanke, der Gerhardt zeit seines Lebens fesseln wird.

An der philosophischen Fakultät lehrt ein weiterer berühmter Mann, der Gerhardt beeinflusst hat. Es ist der Professor für Poetik und Rhetorik, Anton Buchner, dessen Gedichte sogar der bekannte Musiker Heinrich Schütz vertont hat. Dichten kann man damals an der Universität lernen. Kunst ist weniger eine Frage von Genie und Eigensinn als eine Sache der Übung und der Meisterschaft in einem Handwerk. Begabung ist allerdings auch schon damals hilfreich. Buchner vermittelt einen neuen Geist im Umgang mit den Klassikern. Er ist davon überzeugt, dass nicht nur die lateinische, sondern auch die deutsche Sprache das Material für wunderbare Poesie abgeben können. Diese Revolution hat sein Freund Martin Opitz angezettelt. Der hat nämlich 1624 das „Buch von der deutschen Poeterey" herausgegeben. Buchner stellt ein eigenes Lehrbuch des Gedichtemachens daneben, das von dieser Idee angetrieben ist. Das Deutsche ist nicht nur die Sprache des Volkes, wie Martin Luther in den Vorreden zu seinen Bibelübersetzungen noch vermutet hat. Die deutsche Sprache ist vielseitig genug, um auch besonders komplizierte und besonders schöne und erhabene Dinge auszudrücken. Buchner unterscheidet die Scribenten von den Poeten. Scribenten, zu gut deutsch „Schreiberlinge", schreiben über die Welt möglichst in verständlichen und klaren Sätze. Poeten halten sich an das gleiche Gesetz, übertreffen es aber. Denn die Dichter zeigen die Welt nicht, wie sie ist, sondern wie sie sein soll. In Versmaß, Rhythmus und Reim bilden sie die ideale Welt ab. Das ist, wenn man so will, ihr utopisches Potential. Deshalb hat die Poesie auch ein natürliches Verhältnis zu den unsichtbaren Dingen. Deshalb enthält ihre Sprache auch ein Geheimnis. Sie erklärt nicht, sie verzaubert. Und sie findet noch da Worte, wo Begriffe nichts mehr zu fassen kriegen. „Die Poeterey ist anfangs nichts anderes gewesen als eine verborgene Theologie und Unterricht in göttlichen Dingen". So steht es in der Einführung ins Dichten von Martin Opitz. Wo Begriffe nicht mehr ausreichen, malt der Dichter Bilder mit Worten. Das muss nicht logisch sein. Bilder leuchten ein, auch wenn sie streng genommen keinen Sinn ergeben. Poetische Rätsel sprechen anders über Wahrheiten. Die Welt als Welt kann nicht schreien, als wäre sie ein lebendiges Wesen. Das weiß jedes Kind. Doch wenn Paul Gerhardt daraus eine Strophe macht, ist glasklar, was gemeint ist. Die Welt, das sind andere Menschen und die Erfahrungen, die einem Zweifel ins Bewusstsein sägen.

Schreie, tolle Welt, es sei
Mir Gott nicht gewogen,
Es ist lauter Täuscherei
Und im Grund erlogen.
Wäre mir Gott gram und feind,
Würd er seine Gaben,
Die mein eigen worden seind,
Wohl behalten haben.

In Gedichten ist es nicht merkwürdig, wenn Menschen zunächst wie Bäume und zwei Zeilen später wie Schatten sind. Im Gegenteil: das Bild ist erhellend. Ganz sinnlich wird nun die Rede von der Vergänglichkeit:

Heut grünen sie gleich wie ein Baum,
Ihr Herz ist froh und lachet,
Und morgen sind sie wie ein Traum,
Von dem der Mensch aufwachet,
Ein bloßer Schatt, ein totes Bild,
Das weder Hand noch Auge füllt,
Verschwindt im Augenblicke.

Und die Sonne ist ein Himmelskörper. Sie kann nicht „gerecht" sein. Sie kann überhaupt nicht handeln, sie scheint einfach. Doch wenn Gerhardt von der „Sonne der Gerechtigkeit" spricht, erübrigen sich alle weiteren Fragen. Bilder bemächtigen sich derer, die sie angucken. Sie zeigen mehr, als dass sie erklären, und regen doch zum Denken an. Deshalb ist Poesie bei Buchner bei aller Schönheit auch eine nützliche Angelegenheit. Sie spielt nicht nur mit Worten. Sie will vielmehr belehren, erfreuen und bewegen. Nur ist sie dabei sehr geschickt. Die Belehrung ist unterhaltsam und macht Lust. Anton Buchner formuliert für die Kunst der Verwunderung ein paar schlichte Gesetze: „Ein Poet aber, wie wohl er gleichfalls darauf zu sehen hat, dass seine Rede verständlich sei, hat sich doch über dieses hinaus zu bemühen, wie er sie schön und lieblich und scheinbar mache, damit er das Gemüth des Lesers bewegen und in demselben eine Lust und Verwunderung ob den Sachen, davon er handelt, erwecken möge, zu welchem Zweck er allezeit zielen muss."

Deshalb ist geistliche Dichtung auch dazu geeignet, theologisches Erziehungsmittel zu sein. Vor allem aber führt ihre Meditation zu ganz intimer Andacht. Dichtung verführt quasi zur Aufmerksamkeit auf Gott, wo anstrengende Überredung nicht hilft. In Wittenberg lernt der Student deshalb, dass auch die Bibel ein poetisches Buch ist. Weisheitstexte und Psalmen lösen ja präzise das ein, was die Professoren als ideale Dichtkunst vorgeführt haben. Der Dichtertheologe in spe gibt der Bibel deshalb bei aller Begeisterung für die Klassiker am Ende den Vorrang. Als Langgedicht von Gott eröffnet sie „herzzerreißende Andacht", wo weltliche Kunst nur die Seele erbaut. Als Worte des Überlebens reicht sie Gerhardt nicht, wenn es hart auf hart kommt. Viele seiner geistlichen Lieder sind Nachdichtungen auf biblische Themen und Geschichten. Gerhardts eigene theologische Poetik und die Quintessenz der Bildungsjahre klingt so:

Weltskribenten und Poeten
Haben ihren Glanz und Schein,
Mögen auch zu lesen sein,
Wenn wir leben außer Nöten;
In dem Unglück, Kreuz und Übel
Ist nichts Bessers als die Bibel,

Cato deuchte sich zu stellen
In der Angst mit Plato Buch,
Aber Gottes Zorn und Fluch
Drückt ihn gleichwohl bis zur Höllen;
Sein verirrter blinder Sinn
Ging und wußte nicht wohin.

Was Homerus hat gesungen
Und des Maro hoher Geist,
Wird gerühmet und gepreist
Und hat alle Welt durchdrungen;
Aber wenn der Tod uns trifft,
Was hilft da Homerus' Schrift?

Gottes Wort, das ists vor allen,
So uns, wenn das Herz erschrickt,
Wie ein kühler Tau erquickt,
Dass wir nicht zu Boden fallen.
Wenn die ganze Welt verzagt,
Steht und siegt, was Gott gesagt.

III. Im Weltenbrand – der große Krieg

Im Jahr 1618 zieht ein Komet durch die europäische Nacht. Auf dem Schweif trägt er die Katastrophe. Davon sind die überzeugt, die in Sonne, Mond und Sternen lesen, um die Weltgeschichte zu verstehen. Kosmische Ängste machen sich breit wie eine Pandemie. Anfang des 17. Jahrhunderts ist die Astrologie noch keine obskure Angelegenheit. Die Sternendeuterei ist zwar umstritten, als Weltweisheit an der Grenze zur Wissenschaft ist sie aber gang und gäbe. Auch anerkannte lutherische Theologen halten mit ihrer Faszination für die Astrologie nicht hinterm Berg. Ist Gott nicht der Schöpfer der Erde und des Himmels? Der Lehrer von Paul Gerhardt in Wittenberg, Paul Röder etwa, liest mit Neugier und Vergnügen im Lauf der Gestirne. Er erzählt sogar in seinen Predigten davon. Und Albrecht von Wallenstein, der große Kriegsführer des Kaisers, lässt sich vom prominenten Mathematiker und Astrologen Johannes Kepler regelmäßig die Sterne lesen. Kometen künden Unheil an. Sie sind die Vorboten des Weltuntergangs. Davon sind die Menschen überzeugt. Ob Schicksal oder Gottes Zeichen, darin sind die Sterndeuter allerdings uneinig. Gerhardt schlägt sich später in seinen Kometenliedern auf die Seite derer, die in den Himmelsphänomenen einen Morseruf zur Umkehr lesen, den Gott auf die Erde funkt.

Die Zeichen in der Höh
Erwecken Ach und Weh,
Es hats in nächsten Jahren
Die ganze Welt erfahren:
Die brennenden Kometen
Sind traurige Propheten.

Kein Mensche hört fast mehr,
Was Gottes Geist uns lehr
In seinen heilgen Worten;
Drum muß an soviel Orten
Von großem Zorn und Dräuen
Das Sternenland selbst schreien

Sein Strahl ist breit und lang,
Macht uns fast angst und bang,
Ach Jesu, hilf uns allen,
Auf daß nicht auf uns fallen
Die hochbetrübten Zahlen
Der letzten Zornesschalen.

Gedenk an deine Güt
Und laß doch dein Gemüt
Erweichen von uns Armen!
Regier uns mit Erbarmen
Damit die bösen Zeichen,
Ein gutes End erreichen!

Das gute Ende ist 1618 erst mal in weite Ferne gerückt. Im gleichen Jahr, als der Komet die kosmischen Ängste schürt, stürzen in Prag zwei kaiserliche Gesandte aus dem Fenster einer Burg. Das vorläufige Ende eines Politthrillers, bei dem die Täter schnell bekannt sind. Die beiden Beamten sind nämlich nicht gefallen, sie wurden mutwillig gestoßen. Böhmische Stände rebellieren gegen den österreichischen Landesherren und künftigen Kaiser. Dieser hatte kurzerhand verboten, dass die Stände gegen die Zerstörung protestantischer Kirchen auf katholischem Gebiet protestieren, und schränkt die religiösen und politischen Rechte massiv ein. Ähnliche lokale Unruhen hat es auch vorher immer wieder gegeben. Jetzt wollen die Rebellen ein Exempel statuieren. Der Fenstersturz von Prag hätte eine komische Anekdote in den Geschichtsbüchern bleiben können. Die beiden katholischen Beamten überleben das gewalttätige Spektakel. Sie fallen weich und landen in einem Misthaufen im Burggraben, der der kaiserlichen Partei ab sofort ein Zeichen göttlicher Rettung wird.

Es wird mehr daraus als eine witzige Fußnote am Weltrand der Geschichte. Der Fenstersturz von Prag ist der äußere Anlass für eine Katastrophe, die bis zum ersten Weltkrieg des 20. Jahrhunderts zum Trauma in der deutschen Geschichtserinnerung wird. Dabei ist der dreißigjährige Krieg beileibe kein deutscher Krieg. Andere europäische Großmächte sind genauso involviert. Die Kampfhandlungen werden aber fast ausnahmslos auf deutschem Boden ausgetragen. „Der große Krieg" stellt alles in den Schatten, was man an kriegerischer Auseinandersetzung in der frühen Neuzeit gewohnt war. Dieser Krieg ist nicht nur eine Aneinanderreihung von mehreren Großkonflikten:

Er setzt sich aus vielen einzelnen Konfliktherden an allen Ecken des Reiches zusammen, die irgendwann ausbrechen und dann wieder verglimmen, um wieder einige Zeit später unversehens neu aufzuflammen zu einem Flächenbrand. So sieht kein Krieg aus, den Kinder mit ihren Zinnsoldaten oder Playmobilfiguren nachstellen könnten – auf einem freien Platz mit zwei stehenden Heeren, die sich gegenüberstehen, ordentlich in Reih und Glied, mit Kämpfern in blauer oder roter Uniform und stolz getragner Fahne. Nein, der „große Krieg" ist schmutziger, grausamer und unübersichtlicher.

Zur Strategie gehören Belagerungen von Städten, um die Bewohner auszuhungern. Zur Kriegsführung gehören Streifzüge gegen die Ländereien und Besitzungen der Gegner. Die äußere Ursache liegt vor allem in der Weiterentwicklung des Festungsbaus. Erdaufschüttungen im Vorfeld, Gräben, Böschungen und Wälle machen das Vordringen von Armeen immer mühseliger. Im Lauf des Krieges leisten sich immer mehr Landesherren solche modernen Befestigungsanlagen. Weil Festungen, große Städte und Burgen nur selten eingenommen wurden, richtete sich der Akt der Verwüstung gegen die umliegenden Dörfer. Feuerwaffen und großkalibrige Geschütze werden immer zielgenauer und handlicher. Trotzdem sind die Waffen oft mittelalterlich, weil keine staatlichen Militärapparate sondern gekaufte Söldnertruppen gegeneinander stehen, die oft eher Banden als Heeren gleichen, Söldner, die ihre Loyalität an den Meistbietenden verhökern. Die Truppen sind wild durcheinandergewürfelt. Es kämpfen am Ende Lutheraner gegen Lutheraner und Katholiken gegen Katholiken.

In diesem Krieg kämpfen noch nicht Staaten gegen Staaten. Kein internationales Kriegsrecht ahndet Vergehen gegen außerhalb der zulässigen Gewalt. Und die Kriegsziele sind so komplex und wandeln sich so schnell, dass sie oft genug vage und uneindeutig werden. Für die, die die Ziele an der Front durchsetzen sollen, bleiben sie sowieso unklar. Wo die höhere Sache aus dem Blick gerät, wird Töten vollends als das sinnlose Geschäft erfahren, das es ist. Da hilft nur der Appell an niedere Instinkte: an Rache und an Lebensangst, die neue Gewalt provoziert. So werden auch die Grenzen zwischen Krieg und Kriminalität immer unschärfer.

Im dreißigjährigen Krieg wird das Leiden der Zivilbevölkerung nicht etwa bedauernd in Kauf genommen, es wird taktisches Kriegsziel. Je mehr die Untertanen dezimiert oder demoralisiert sind, desto früher gibt der Gegner auf, so das Kalkül. „Ermattungsstrategie" heißt das bei den Ingenieuren des Krieges. Und nach ein paar Jahren liegt Europa ermattet da.

Die, die gegeneinander kämpfen, sind oft vorher Nachbarn gewesen. Denn viele Landsknechte ziehen mehr aus Not denn aus Überzeugung in den Kampf. Freund und Feind, Grenzverläufe und Frontlinien wechseln ständig. Aus neuen Opfern werden neue Kriegstreiber. „Der Krieg ernährt den Krieg", heißt ein zynischer Merksatz aus der Zeit.

In einer umfassenden militärischen Auseinandersetzung ist der Krieg der einzige sichere Arbeitsmarkt. So werden aus Bauern, Müllern, Sattlern oder Lehrern Soldaten. Der Mechanismus ist so einfach wie wirkungsvoll: erst überfallen die Truppen des einen oder des anderen das Dorf, brandschatzen, morden, zerstören die Ernte, und töten die Tiere. Oft verlieren die Menschen alles innerhalb von Stunden. Am Tag danach, wenn noch der Rauch aus den Trümmern steigt und die, die übrig bleiben, mit leeren Gesichtern vor den Ruinen ihres Lebenserwerbs stehen, schlagen die Rekrutierungsbüros ihre Zelte auf. Regelrechte Kriegsunternehmer ziehen über die Lande und werben mit Pfeifern und Trommlern Söldner an. So suchen die Traumatisierten hier nach neuer Lebensgrundlage und wechseln selber ins Geschäft des Tötens, aus Rache oder aus Verzweifelung. Der Krieg hat einen hohen Verschleiß an Menschen. Deshalb ist er unersättlich und kann jeden brauchen. Aus höheren Beamten werden Spione oder berittene Gesandte, aus Pferdehändlern und Bäckern Kürassiere, aus Bauern einfache Soldaten. Ganze Familien und Hausstände ziehen im Rattenschwanz der Heere mit: Der ist bald länger als der eigentliche Kampfkörper. Alte, Frauen und Kinder gehören zu dieser beweglichen Beutegemeinschaft, zusammen mit Marketenderinnen, Lakaien und Bettlern. Vagabunden und Abenteurer ziehen hinterher und folgen eigenen Glücksversprechungen. Riesige Trosse begleiten die Armeen als ziviles Anhängsel des Krieges. Im Schwedenheer Gustav Adolfs sind zeitweise so viele Kinder unterwegs, dass er Schulen für die Lagerkinder einrichtet, um der grassierenden Verrohung unter den Heranwachsenden Herr zu werden. Aus diesen abgebrühten Halbwüchsigen wächst die neue Generation von Soldaten heran. Die Zahlungsmoral der Fürsten ist schlecht. Der Sold kommt unregelmäßig. Deshalb ist die Versorgung der Menschen in den Militärlagern oft nicht gesichert. Deshalb ziehen marodierende Banden auf eigene Rechnung los und rauben Dörfer aus. Von Massenvergewaltigungen ist die Rede, von grausamsten Todesarten vor gröhlendem Publikum, von Körpern, die geschändet und verstümmelt in den Straßengräben liegen.

> *Die Last, die ist die Kriegesflut,*
> *So jetzt die Welt mit rotem Blut*
> *Und heißen Tränen füllt;*
> *Es ist das Feur, das hitzt und brennt,*
> *So weit fast Sonn und Mond sich wend.*

> *Sieh an, mein Herr, wie Stadt und Land*
> *An vielen Orten ist gewandt*
> *Zum tiefen Untergang;*
> *Der Menschen Hütten sind zerstört,*
> *Die Gotteshäuser umgekehrt.*

Der dreißigjährige Krieg offenbart die Art von Barbarei, die uns jüngst aus der Tagesschau von den neuen Kriegen dieser Welt erreichen, aus dem Irak, aus Afrika: Entmenschlichung als Methode. Bei Paul Gerhardt sieht man die Erinnerungen an jene Jahre wie hinter Milchglas. Verschwommen und schemenhaft. Er verzichtet auf drastische Bilder und expressionistische Szenen. Das mag daran liegen, dass die Verse erst nach dem Krieg entstehen. Doch das ist nur ein äußerliches Argument. Wer weiß schon, welche Worte, welche Sätze sich bei Gerhardt im Kopf angesammelt haben, als die Verwundeten und Verstümmelten nach Wittenberg getragen und die blauen Leichname der Pesttoten an den Stadtrand gekarrt wurden. Oder als er die Flugschriften in die Hände kriegt, starr vor Schrecken und mit weitaufgerissenen Augen, weil die Abbildungen über keine noch so abartige Folter im Unklaren ließen. Der Krieg schürt auch schon im 17. Jahrhundert perverse Bildgelüste. Voyeure laben sich am Leid der anderen und tun noch so, also wollten sie über das Böse nur aufklären. Das Grauen imponiert sich dagegen auch ohne Marktgeschrei:

> *Das drückt uns niemand besser*
> *In unser Seel und Herz hinein*
> *Als die zerstörten Schlösser*
> *Und Städte voller Schutt und Stein;*
> *Ihr vormals schönen Felder*
> *Mit frischer Saat bestreut.*
> *Jetzt aber lauter Wälder*
> *Und dürre wüste Haid:*
> *Ihr Gräber voller Leichen*
> *Und blutgem Heldenschweiß,*
> *Die Helden, derergleichen*
> *Auf Erden niemand weiß.*

In den Trossen und Lagern breiten sich Infektionskrankheiten und Epidemien aus. Pest, Cholera und Ruhr ziehen mit den wandernden Truppen, brechen immer wieder neu aus und hinterlassen auch da eine grausige Spur, wo nicht mit Waffen gekämpft wird. „Der schwarze Tod" kommt vermutlich auf diesem Weg auch nach Sachsen und in die Mark und zieht dort seine unheimlichen Kreise, von Dorf zu Dorf, von Stadt zu Stadt.

Beulen- und Lungenpest sind Todesarten mit Ankündigung. Schon Wochen vorher berichten die Boten vom großen Sterben. Erst sind es unbekannte Ortsnamen. Dann zieht der Würgeengel durch Städte und Dörfer, in denen man schon mal gewesen ist. Auf Reisen und auf Märkten. Bis die Infektion dann in der Nachbarschaft angekommen ist. Die Seuche kann niemand aufhalten. Und sie macht keine Unterschiede. Vor ihr sind alle gleich: Kinder und Alte, Reiche und Arme. Alle Bevölkerungsgruppen sind betroffen. Mit stockendem Atem warten die Menschen auf das herannahende Ungeheuer und beten darum, verschont zu werden. Bei Gerhardt klingt das so:

Die Peste, die im Finstern schleicht,
Und des Mittags umherkreucht,
Wird von dir abgeführet;
Und wenn gleich tausend fallen hier,
Und zehntausend hart bei dir,
Bleibst du doch unberühret.

Pest heißt massenhafter Tod. Darauf verweisen die Zahlen, die Gerhardt in seiner Liedstrophe nennt. Hygienevorschriften und angezirkelte Quarantänestationen sollen zwar die Ausbreitung der Infektionsherde eindämmen und die Ansteckungsgefahr verringern. Doch viel bringt das nicht. Und für viele bedeutet das auch den sozialen

Tod. Wenn ein Haus betroffen ist, malen die Menschen ein Kreidekreuz an die Tür. Haltet euch von dieser Schwelle fern. Hier wohnt der Tod, heißt die Botschaft. Geistliche und Krankenwärter müssen in abgesonderten Quartieren hausen. Wer dagegen verstößt, muss mit drakonischen Strafen rechnet. Dabei können die Ärzte nicht viel tun. Jede Menge Arzneien sind zwar in Umlauf, angereichert durch allerhand Hokuspokus und alte Rituale. Arnikawurzel soll gegen die Pestbeulen helfen. Magische Räucherpraktiken sollen das Infektionsgift vertreiben. Auch das Singen gegen den Tod wird als Pharmazie empfohlen. Das ist ziemlich läppische Medizin, könnte man meinen. Als könnte man Krebs mit Nasenspray bekämpfen.

Und doch steigt der Bedarf an Liederbüchern in Pestzeiten aus gutem Grund. Johann Ebeling, der später auch Gerhardts Gedichte vertonen wird, erinnert immer wieder an die Heilkraft der Musik: „Denn es ist ja bekannt, wie die alten Krankheiten, auch die allergefährlichsten und beschwerlichsten als da sind Hauptwehe, Raserey oder Pest und dergleichen bloß mit dazugehöriger Musik glücklich kurieret wurden". Auch wenn die körperlichen Symptome in vielen Fällen nicht verschwanden, so wurde der Gesundheitszustand der Seele doch sichtbar verbessert. Vor allem Buß-, Trost- und Sterbelieder sind deshalb gefragt. Als Reiselieder in den Himmel begleiten sie auf dem letzten, von Ängsten umstellten Weg. Wer nicht mit dem Leben davonkommt, löst sich so singend aus dem Würgegriff der Furcht vorm Sterben heraus. Auch wenn das Fieber steigt, die Beulen eitern und die Haut schon blutet: Der Trotz gegen die Ohnmacht auf dem Krankenlager treibt schon damals viele Beter in die Geborgenheit der Liedstrophen hinein, die die Dichter ihnen zur Verfügung stellen. So weiß der Sänger sich singend auch im Angesicht des nahenden Todes noch aufgehoben in Gott. Ja, mehr noch. Das Barock weiß noch etwas vom Singen als Einübung in die Kunst des Sterbens. Wer singt, der holt tief Luft und atmet mit den Tönen aus. Das „lebendig Hauchen" wird schwächer, bis die Lungenflügel sich erneut zusammenziehen. Der Moment, wo kaum noch Luft die Töne trägt, erinnert nach alter christlicher Sterbensweisheit an den eigenen Tod. Der letzte Atemzug fällt leichter, wenn man singt. Der Abschied ist ja nur ein Aufbruch in die nächste Strophe. Paul Gerhardt setzt diese Kunst des Abschiednehmens später in vertonte Dichtung um. Er steht in einer Reihe mit anderen Trost- und Sterbedichtern.

Ich bin ein Gast auf Erden
Und hab hier keinen Stand,
Der Himmel soll mir werden,
Da ist mein Vaterland.
Hier reis ich bis zum Grabe,
Dort, in der ewgen Ruh,
Ist Gottes Gnadengabe,
Die schließt all Arbeit zu.

Was ist mein ganzes Wesen,
Von meiner Jugend an,
Als Müh und Not gewesen?
So lang ich denken kann,
Hab ich so manchen Morgen,

So manche liebe Nacht
Mit Kummer und mit Sorgen
Des Herzens zugebracht.

Mich hat auf meinen Wegen
Manch harter Sturm erschreckt,
Blitz, Donner, Wind und Regen
Hat mir manch Angst erweckt,
Verfolgung, Haß und Neiden,
Ob ichs gleich nicht verschuldt,
Hab ich doch müssen leiden
Und tragen mit Geduld.

Mein Heimat ist dort droben
Da aller Engel Schar
Den großen Herrscher loben,
Der alles ganz und gar
In seinen Händen träget
Und für und für erhält,
Auch alles hebt und leget,
Nach dems ihm wohl gefällt.

Zu dem steht mein Verlangen,
Da wollt ich gerne hin;
Die Welt bin ich durchgangen,
Daß ichs fast müde bin.
Je länger ich hier walle,
Je wenger find ich Lust,
Die meinem Geist gefalle;
Das meist ist Stank und Wust.

Die Herberg ist zu böse,
Der Trübsal ist zu viel:
Ach komm, mein Gott, und löse
Mein Herz, wenn Dein Herz will;
Komm, mach ein seligs Ende
An meiner Wanderschaft,
Und was mich kränkt, das wende
Durch deinen Arm und Kraft!

Wo ich bisher gesessen,
Ist nicht mein rechtes Haus;
Wenn mein Ziel ausgemessen,
So tret ich dann hinaus,
Und was ich hier gebrauchet,
Das leg ich alles ab;
Und wenn ich ausgehauchet,
So scharrt man mich ins Grab.

Du aber, meine Freude,
Du meines Lebens Licht,
Du zeuchst mich, wenn ich scheide,
Hin vor dein Angesicht,
Ins Haus der ewgen Wonne,
Da ich stets freudenvoll
Gleich als die helle Sonne
Nebst andern leuchten soll.

Da will ich immer wohnen,
Und nicht nur als ein Gast,
Bei denen, die mit Kronen

Du ausgeschmücket hast;
Da will ich herrlich singen
Von Deinem großen Tun
Und frei von schnöden Dingen
In meinem Erbteil ruhn.

So kann allerdings auch schon damals nicht jeder glauben und beten. Wo die Übungen zum Sterben ausgefallen sind, wo Religion und Heilkunst nicht zu helfen scheinen, wächst der Aberglaube. Zeugnisse aus der Zeit schwören Bilder des Schreckens herauf, die nichts verklären. Die Trostlieder müssen stark genug für solche Szenen sein: „Es ist so ein Sterb eingefallen, dass die armen Leut in den Häusern und die Soldaten schier vermodert sind, so dass man sie nimmermehr heraus hat tun können. Die Weiber haben ihre Männer herausgetragen, die Männer ihre Weiber, die Kinder ihre Eltern, die Eltern ihre Kinder, auf den Brettern, auf den Leitern, auf den Waschbänken, auf dem Schubkarren, in summa, was man hat kriegen können. Die Träger haben keinen Mantel, kein Bahrtuch dürfen mitnehmen, weil man ihnen alles hinweggenommen hat."

Sieht so die Heimatstadt Gräfenhainchen aus, als dort 1637 die Pest ausbricht? Gerhardts Bruder Christian steht neben den vielen Bekannten und Verwandten von Paul Gerhardt auf der Liste der Toten. Oder spielen sich ähnliche Szenen in Wittenberg ab, als die Pest mit ihrem Streifzug auch die Universitätsstadt erfasst? Gerhardt ist mit Sicherheit Zeuge ähnlichen Elends geworden. Letzten Endes ist der „böse schwarze Tod" nicht einmal der schlimmste Feind. Noch ärger sind für die Menschen die Folgen, die sich aus dem massenhaften Tod ergeben. Leichen werden anonym verscharrt und nicht, wie sonst üblich, auf Friedhöfen und Gottesäckern beerdigt. Außerhalb des bewohnten Geländes und in Massengräbern, ohne Namen und Ort, werden nun die Leichenberge entsorgt. Der schwarze Tod bricht auch mit dem letzten Tabu. Keine Aussegnung, kein Abschiedsritual, keine Leichenpredigt. Das passiert, wenn keine Lieder mehr gesungen werden. „Ohne Sang und Klang", so heißt es bitter in einer Redewendung, verschwinden die Toten in der Erde. Sang- und klanglos sagen wir noch heute, wenn etwas unauffällig verschwindet. In den alten Kirchenordnungen wurden so eigentlich nur Schwerverbrecher beerdigt.

Unfähig zu trauern und ohne den Trost Gottes stumpfen die Überlebenden immer mehr ab. Sie werden immun gegen jeden Lebenssinn. In dieser Atmosphäre wird Gerhardt groß. Der kleine Paul ist ein Schulkind, als 1618 der große Krieg ausbricht und ein Mann in den besten Jahren, als dreißig Jahre später mit dem Westfälischen Frieden das Deutsche Reich neu geordnet wird. Dreißig Jahre im Ausnahmezustand, das ist für ein einzelnes Menschenleben nicht weniger verheerend als für das Lebensgefühl einer ganzen Generation. „Gottlos sind die Alten alt geworden", heißt ein geflügeltes Wort aus der Zeit. Mit der Gottlosigkeit ist dieser Krieg gemeint, der sich als Religionskrieg tarnt und doch viel mehr ist als ein wildgewordener Konflikt um religiöse Überzeugungen. Im Schatten der religiösen Motivation bewegen sich politische Profitgier und ökonomische Interessen. Es geht um Erbfolgen, um Gebietszuwächse und um alte Rechnungen, ja sogar um Börsen und Bodenschätze geht es, um Eitelkeit, um Starrsinn und Leichtsinn – und nicht zuletzt um kriminelle Krisengewinnler. Vor allem aber geht es um die Vorherrschaft in Europa, für die die konfessionellen Überzeugungen in den Dienst genommen werden, weil an ihnen das Gleichgewicht hängt. Die fiebrigen Bündniswechsel, die bizarren Frontverläufe und der permanente Tausch der Feindbilder zeugen davon, dass Bekenntnisse im Krieg eine sehr flexible Angelegenheit sein können. Verträge sind ebenso schnell geschlossen wie sie wieder gebrochen werden. Das gilt auch für Sachsen und Brandenburg, den Gebieten, auf denen Paul Gerhardt in diesen Jahrzehnten der Bedrängnis lebt.

Eine Eskalation treibt den Krieg 1629 weiter an. Der Kaiser erlässt das sogenannte Restitutionsedikt, das faktisch den Augsburger Religionsfrieden aus den Angeln hebt. Damit wären Tür und Tor für die Gegenreformation geöffnet. Katholisches Kirchengut, das im Jahr 1552 enteignet worden war, soll wieder zurückgegeben werden: Rund 5000 Klöster und Konvente sowie zahlreiche Bistümer sind von dieser Entscheidung betroffen. Doch auch unter den Katholiken macht sich Ärger breit über das absolutistische Gebaren des Kaisers. Vor allem die Protestanten sind natürlich alarmiert von dieser offensiven Attacke gegen die Reformation. In Leipzig kommen die Lutheraner zu einer Notsynode zusammen. Ein Consilium Politico-Apokalypticum ist angesetzt. Schon im Titel ist die Dramatik angedeutet. Politisch-apokalyptische Beratungen sollten es in der Tat werden. Die Pointe der Konsultation lässt ahnen, wie sehr sich die Lutheraner in die Enge getrieben fühlen. Schuld an der gegenreformatorischen Stimmung im Land sind zu allererst die protestantischen „Häretiker": also alle möglichen kleinen Splittergruppen, die das Bekenntnis zum evangelischen Glauben auf ihre Weise auslegen, zum Beispiel Mennoniten, vor allem aber die Calvinisten. „Warum verdenken wirs den Papisten, das sie ihnen einbilden, sie seien allein die recht Kirche, außer welcher nichts als Schwärmer und Ketzer gefunden werden: weil wir es eben auch so machen." Die Logik dieses Protokolls ist offensichtlich: Weil die Protestanten so uneinheitlich und zerstritten sind, erkennen die Katholiken sie nicht als Kirche an. Das ist der tiefste Grund des Krieges. Deshalb muss man gegen die Abweichler von der eigenen reinen Lehre auch schärfer vorgehen als gegen die Altgläubigen.

Neuer Streit entsteht da, wo es um die Frage geht, ob der Krieg theologische Rechtfertigung haben darf oder ob er im Gegenteil des Teufels sei. Die Scharfmacher finden klare Worte. Nach all den Vermahnungen und Bitten „laufe jetzt alles aufs Blut hinaus". Andere mahnen zur Friedensliebe und erinnern an das Leid, das der Krieg über die Menschen bringt. Paul Gerhardt wird zu dieser Gruppe gehört haben. Später dichtet er:

Hier trübe deine Sinne
O Mensch, und laß die Tränenbach
Aus beiden Augen rinnen
Geh in dein Herz und denke nach:
Was Gott bisher gesendet,

Das hast Du ausgelacht,
Nun hat er sich gewendet
Und väterlich bedacht,
Vom Grimm und scharfen Dingen
Zu Deinem Heil zu ruhn,
Ob er dich möge zwingen
Mit Lieb und Gutestun.

Vorerst haben allerdings die Kriegstreiber die Oberhand. Spätestens jetzt kommt es im protestantischen Kernland zur religiösen Aufladung der Politik. Mit heiligem Ernst wird nun Gustav Adolf, der König und Anführer des schwedischen Heers, als endzeitlicher Befreier der Protestanten gefeiert. Eine alte Prophezeiung des Paracelsus findet nun massenhafte Verbreitung. In ihr wird ein „Löwe aus Mitternacht" angekündigt, der die kaiserliche Macht übernimmt und das Papsttum besiegt. 1630 landet der Schwede mit seinen Truppen an der Ostseeküste an und wird begeistert empfangen. Er zieht durch Wittenberg und hält eine Rede an die Studenten. „Ihr Herren, von euch ist aus diesem Ort das Licht des Evangeliums zu uns gekommen; weil es aber durch die Feinde will verdunkelt werden, müssen wir zu euch kommen, um nächst Gott desselbige Licht wieder anzuzünden." Mit diesen Pathosformeln geht Gustav Adolf in die Geschichte der lutherischen Geschichtsschreibung ein. Es spricht einiges dafür, dass Gerhardt im Publikum saß, als der König diese Rede hielt. Welcher Student hätte sich das entgehen lassen.

Lässt auch er sich vom Charisma des Schweden anstecken? An der Seite dieses Löwen wollen vor allem die

Jungen den wahren Glauben mit ebenso raubtierhafter Kraft verteidigen, um so die herannahenden Übel abzuwehren. Das tierische Bild meint nichts anderes als den Gang zu den Waffen. Die kaiserlichen Truppen kommen nämlich immer näher. Als erste Kunde von den Greueltaten der Schweden aufkommt, verändert sich die Tonlage allerdings schnell. An die Stelle des endzeitlichen Kampfes, der eben noch so enthusiastisch begrüßt wurde, treten nun Szenen des Weltuntergangs. Die Flugschriften wechseln nun von der Rhetorik der äußeren Aufrüstung zur innerlichen Buße. Als König Gustav Adolf ein Jahr später ein zweites Mal durch Wittenberg kommt, liegt er tot auf einer Bahre. Er ist in der Schlacht zu Lützen gefallen.

Das Jahr 1631 wird aus einem anderen Grund zu einem tragischen Geschichtszeichen. Am 20. Mai legt eine entfesselte Soldateska das protestantische Magdeburg in Schutt und Asche. Das Inferno findet in nächster Nähe von Sachsen statt. Es kommt zu Massakern, die Abscheu und Entsetzen in der ganzen damaligen Welt auslösen. Zeitungen, illustrierte Flugblätter und über 200 Pamphlete verbreiten die Nachrichten innerhalb von Tagen über den Kontinent. Der Fall Magdeburgs war das erste große Medienereignis in der Deutschen Geschichte und hat ähnlich grundstürzende Folgen wie der 11. September 2001 für unsere Zeit. Es ist also geradezu unmöglich, dass Paul Gerhardt davon im nahen Wittenberg nichts mitbekommen hat. Schließlich sind die Universitätsstädte besonders günstige Umschlagplätze für Nachrichten aller Art, weil es dort genug Lesekundige gibt. Magdeburg wird zum Sinnbild größtmöglicher Schrecken und zum

Menetekel, an dem die Menschen im dreißigjährigen Krieg ihre Erwartungen und Ängste schüren. Die Augenzeugenberichte sind vage im kollektiven Gedächtnis hängengeblieben: ein Fluss, dunkelrot vor Blut, auf dem Knäuel von verkohlten Leichen treiben, Leichenberge auf den Straßen. Streunende Hunde, die gierig an den Menschenknochen nagen. Ein Feuersturm, der seine Zuckungen in den Himmel stößt. Eine rabenschwarze Silhouette, die sich gegen den geröteten Himmel reckt. Kinder, die unter den Körpern getöteter Mütter kauern. All das kann man nachlesen in Augenzeugenberichten. Sie legen eine Spur der Erinnerung durch die Jahrhunderte, an die sich im Laufe der Zeit Mythen und Geschichten anlagern, damit die Spuren nicht verwischen. Als Dresden 1945 nach dem Bombardement in Flammen steht, sehen viele das Magdeburg von 1631 vor sich. „Die Türme stehn in Glut, die Kirch ist umgekehrt." Historische Analogien haben ihre Tücken – sie sind meistens falsch. Aber Magdeburg steht weniger für ein Datum als für das Sinnbild einer Erfahrung, die jenseits historischer Korrektheit steht: für die Erfahrung eines Gewaltexzesses, in der Menschen zu Tieren werden. Der Mensch ist dem Menschen ein Wolf, diese Schlussfolgerung zieht ein großer politischer Denker des 17. Jahrhunderts aus den Religionskriegen. Knapper lässt sich der Fall in die Barbarei nicht auf einen Satz bringen.

Was ist der Hintergrund für diesen ungehemmten Fanatismus, der mit strategischen Kriegszielen nur wenig zu tun hat? Magdeburg ist schon vor dem Krieg ein Symbol. Als „unseres Herren Canzelei" wird die Stadt verklärt, als stärkste Bastion des Protestantismus gegen kaiserliche Avancen. Magdeburg trotzt der Belagerung durch Wallenstein, bis dieser entnervt und beeindruckt die Truppen wieder abzieht. Wallenstein schont mit der pulsierenden Hansestadt auch die wirtschaftliche Lebensader des Krieges. Von hier aus kommt der Nachschub für die protestantischen Verbündeten. Um Magdeburg wird längst auch ein symbolischer Krieg geführt. Wer diese Stadt einnimmt, gewinnt auf ganzer Linie. Deshalb will der Kaiser an Magdeburg sein Exempel statuieren lassen und beauftragt Feldmarschall Tilly, das Restitutionsedikt zu vollziehen. Monatelang besetzen die Truppen nun die Stadt. Allein der Bau der Schanzanlagen kostet vielen Soldaten das Leben. In der Stadt tobt die Angst vor dem katholischen Antichrist. Kann die „feste Burg" gehalten werden? In den Augen der Bürger Magdeburgs ist ihre Stadt zu Jerusalem geworden, das die Feinde in Scharen anlockt. Schon Monate vor dem möglichen Fall erheben Lieder, Predigten, Flugschriften und reisende Herolde die Zukunft der Stadt zu einem heilsgeschichtlichen Ereignis. Doch Gustav Adolf, der Löwe, schläft. Zur Rettung kommt er zu spät.

35 000 Menschen halten sich in der Stadt auf, als die Kaiserlichen sie endlich stürmen. Die Bürger verbarrikadieren sich in ihren Häusern oder flüchten in den Dom. Es nutzt ihnen nichts. Selbst das uralte Recht auf unbeschadetes Kirchenasyl scheinen die Mörder zu missachten. Brennende Fackeln fliegen durch die Fenster. Die Menschen verbrennen in ihren Kammern. Als Machtdemonstration der widerlichsten Art kommt es zu Massenvergewaltigungen an Mädchen und Frauen. Leichen

werden geschändet. Erst versuchen die Menschen, sich freizukaufen. Ein Augenzeuge, der Naturforscher Otto Guericke, schreibt: „Endlich aber, wenn es alles hingegeben und nichts mehr vorhanden gewesen, alsdann ist die Not erst angegangen. Da haben sie angefangen zu prügeln, ängstigen, gedrohet zu erschießen, spießen, henken etc. … Mit den Weibern und Jungfrauen, Töchtern und Mägden aber, … ist es mit vielen fast übel abgelaufen, sind teils genotzüchtigt und geschändet, teils zu Konkubinen gehalten worden." Die Liste der Grausamkeiten verstößt auch schon damals gegen die Ehre der „Miles christianus", der christlichen Soldaten, wie es damals hieß.

Dann steht die ganze Stadt in Flammen. Bis heute spekulieren die Historiker, wer das Feuer legte. Waren es die kaiserlichen Truppen, um das Übel des Protestantismus auszumerzen? Oder haben die Bürger die Stadt eigenhändig angezündet, um sich ihrerseits auf radikale Weise von dem Bösen zu trennen, was in der Stadt wütet? Im Nachhinein glorifiziert die protestantische Propaganda das Opfer der Stadt. Dazu greifen die Propagandisten auf eine antike Geschichte zurück. Das ist ganz normal, wenn die antiken Texte so lebendig vor Augen sind. Hier findet sich so manche Heldenlegende. Zum Beispiel die Geschichte der standhaften Lucretia, die sich den übermächtigen Truppen des Hannibal widersetzte und sich nach ihrer Schändung opfert. Der Widerstand war letztlich erfolgreich. Der Legende nach löst dies Zeichen den Untergang Roms aus. Und weil Städte im 17. Jahrhundert oft mit Frauencharakteren verglichen werden, liegt es auf der Hand, dass Magdeburg mit Lucretia verglichen wird.

„Die Magd und Burg, die feste Stadt, die Gott durch eine römisch Tat ihr Jungfrauschaft geopfert hat. Du lutherische Lucretia, aufrechte deutsche Constantia, ich bin in ewiger Gloria." So lautet ein Volkslied aus der Zeit. Lieder tragen so auf ihre Weise zum kulturellen Gedächtnis bei.

Auch Geschichten von wunderbarer Errettung werden nun kolportiert. Mit dem Abstand von Wochen wird aus der Katastrophe in der religiösen Deutung ein Anfall von Gotteszorn, der nur eine kleine Schar davon kommen lässt, als Mahnung für die anderen. Auf diese Weise bewältigen die Menschen das namenlose Grauen, was sonst ohne Sinn bleiben muss. Der Vernichtungsakt als Strafe Gottes, das hat vermutlich auch Paul Gerhardt eingeleuchtet. Die Mörder wären mit ihrer Tat nicht entschuldigt. Aber sie hätten nicht das letzte Wort. Darin drückt sich eine tiefe Überzeugung aus: Auf der Welt geschieht nichts, was der Hand Gottes entgleitet. Auch wenn wir es nicht verstehen. Der Gott Pauls behält die Übersicht.

Im 19. Jahrhundert haben manche Biographen genaue Vorstellungen, wo Paul Gerhardt in der großen Lücke geblieben ist, die sein Lebenslauf offen lässt. Sie erfinden eine Geschichte und schicken ihn kurzer Hand als Feldprediger in den Krieg. So verleihen sie dem bodenständigen Dichter, der Zeit seines Lebens nicht aus Brandenburg und Sachsen herausgekommen ist, den Anstrich des Abenteurertums. Wilde Jugendjahre in Treue zum nationalen Luthertum, das fehlt nämlich, um Gerhardt den Nimbus zu verleihen, der zum echten Denkmal taugt. Da ist der dreißigjährige Krieg schon längst romantisch verklärt. Und der Beruf des Feldgeistlichen kommt gerade recht. An der Legende ist immerhin wahr, dass vor allem die Studenten für diese gefährliche Seelsorge mitten im Schlachtengetümmel in den Universitätsstädten angeworben wurden. In der Tat ziehen Hunderte von Predigern mit dem Tross der Soldaten – in allen kriegerischen Lagern. Von Gustav Adolf wird berichtet, dass er als Oberbefehlshaber seiner Armeen persönlich den täglichen Gottesdienstbesuch seiner Soldaten überprüft hat. Wer fehlt, muss eine Geldbuße zugunsten verwaister Soldatenfamilien zahlen. Mit Beichte, Abendmahl und Sündenvergebung sollen die Landsknechte täglich wieder neu aufs Sterben vorbereitet werden. Mit dem Tod rechnen die Soldaten wie mit dem wöchentlichen Sold. Wer nicht unter Feuer stirbt oder nach einer Verletzung dem Wundbrand erliegt, den erwischt mit großer Wahrscheinlichkeit eine der grassierenden Epidemien. Mit Gottes Segen in die Hölle – das ist im dreißigjährigen Krieg nicht zynisch, sondern folgerichtig. „Wenn der jüngste Tag uns plötzlich überfallen sollte, wollen wir vorbereitet sein", schreibt der König an seinen Berater. Denn der „böse Bruder Tod" ist ja nur der ärgste unter den Schurken, die den Menschen jeden Tag nach dem Leben trachten.

IV. Paradiesgärten und Schwermut- höhlen – der religiöse Dichter

Irgendwann um 1643, glaubt man den Ortsangaben unter zwei erhaltenen Widmungsgedichten, zieht es Paul Gerhardt von der Elbe an die Spree. Als Weg aus der sächsischen Provinz in die benachbarte Metropole Berlin sollte man diesen Umzug allerdings nicht verstehen. Eher schon ist es umgekehrt: Paul Gerhardt verlässt die etablierte Gelehrtenrepublik, um fortan im unbedeutenden Residenzstädtchen der Kurfürsten von Brandenburg zu leben. Streng genommen muss man von zwei Residenzen sprechen: Cölln und Berlin sind unabhängige Schwesterstädte, die nur locker durch die einende Schutzmauer zusammengehalten werden. Das Herrschaftsterritorium – eine „Streusandbüchse". So lästern die Zeitgenossen abfällig über das karge Gebiet aus Wasser und Sand, wo alles, was wachsen und gedeihen will, einen schweren Stand hat.

Gerhardt zieht es in eine halbe Geisterstadt. Berlin ist durch die Folgen des Krieges arg in Mitleidenschaft gezogen. Von 1300 gezählten Häusern in Berlin und Cölln stehen im Jahr 1643 ein Drittel leer. Auch die Seelen der Menschen sind versehrt. Gotteshäuser und Schulhäuser sind verwaist, Lehrer und Pfarrer haben entweder die Flucht ergriffen oder sind gestorben, ohne dass Nachfolger ihr Amt übernommen hätten. Wo aber die Möglichkeiten zu Bildung und Seelsorge fehlen, bleiben die Menschen mit ihren schrecklichen Erinnerungen allein. Von allen guten Geistern verlassen kämpfen sie nur noch um das nackte Überleben, ohne Orientierung, ohne Lebensenergie, ohne Hoffnung auf Zukunft. Kinder irren ohne ihre Eltern durch die Straßen. Eltern sind irre geworden über den Verlust ihrer Kinder. 1640, also knapp drei Jahre vor dem Wechsel Gerhardts nach Berlin, notiert ein Beamter des Konsistoriums, der Kirchenverwaltung in Berlin, mit eindringlichen Worten, welche Folgen der Krieg für das geistige und geistliche Leben der Stadt und der umliegenden Ortschaften des Kurfürstentums hat:

„Aus solchem Totalruin und Verderb, wie es der Krieg herbeigeführt, entspringt zuvorderst dieses Unheil, dass bei so gänzlicher Verwüstung der Städte und Dörfer fast keine Mittel mehr vorhanden, wodurch das heilige Ministerium und Predigtamt im Lande zu unumgänglicher Notdurft den noch übrigen Leuten ferner erhalten und versehen werden könnte." Der anonyme Schreiber sorgt sich, „dass der größte Teil der Prediger fast vor Hunger verschmachten oder in ihrer Station verlassen, was anderes anfangen und endlich wohl haben zum Land hinauslaufen müssen, dadurch ihre Pfarrkinder so gemeiniglich einfältig Leute sein, von ihnen verlassen werden, keinen notdürftigen Unterricht von Gott und seinem Worte mehr haben können und gleichsam in ein Heidentum hineingeraten."

Ein Heidentum aus Verrohung und Orientierungslosigkeit, eine angewandte Gottlosigkeit ist gemeint, die ohne Überlegung oder Unterscheidung daher kommt. Die Gottesvergessenheit hat sich einfach so ergeben, schleichend, im Alltag der Katastrophe. Dabei gehen die ersten Akte des Krieges an dem Fürstentum noch glimpf-lich vorbei. Doch seit den späten 20er Jahren verfällt das Land zunehmend in Anarchie. Städte und Dörfer liegen in Schutt und Asche – die Neutralitätspolitik des Kurfürs-ten, von den einen als Wankelmütigkeit, von den anderen als vergebliche Klugheit gewertet, überlässt die Unter-tanen in desolater Situation sich selbst. 1628 macht der Befehlshaber der Kaiserlichen Armee, Wallenstein, mit 1500 Mann in der Stadt Station. Die Soldaten brauchen Verpflegung, Geld und Tuch, um die zerrissenen Unifor-men auszubessern. Die Versorgungspflicht wird den Bür-gern aufgehalst, die kaum noch die eigene Familie ernäh-ren können. Auch mit dessen großem Gegenspieler, der einmal gekommen war, um die Brandenburger von Wal-lenstein zu befreien, mit Gustav Adolf und den Schwe-denheeren, machen die Brandenburger ähnlich verhee-rende Bekanntschaft: Als ihr Regent 1635 das Bündnis mit der Nordmacht löst, wenden sich die Söldner gegen die Bevölkerung in Brandenburg. Von fremder Rache und eigener Not angetrieben, ziehen sie auf einer Blutspur übers Land.

Die Bürger zahlen für einen Krieg, dessen Frontver-läufe, Bündnispartner und Feinde ständig wechseln. Wäh-rend der Herrscher sich und den Hof in Sicherheit bringt, wird die Bevölkerung Berlins von einem Statthalter drangsaliert, dem berüchtigten Grafen Schwarzenberg. Ein Attentat auf den „schwarzen Grafen" misslingt. Es zeigt aber das ganze Ausmaß der Verzweiflung, das unter den Stadtbewohnern geherrscht haben muss. Immer wie-der versuchen die Bewohner Berlins, den weiteren Festungsbau zu verhindern. Als Schwarzenberg den Befehl gibt, die Berliner Vorstädte niederbrennen zu lassen, um ein freies Schussfeld für die Verteidigung der Residenz zu gewinnen, kommt es zu blutigen Ausschreitungen. Die Bürgerwehr kämpft wohl weniger aus pazifistischer Gesinnung denn aus Sorge vor dem wirtschaftlichen Ruin. Es sind die Städter, die durch hohe Abgaben und erzwungene Arbeitsleistungen den Krieg bezahlen, wie überall. Handelswege sind blockiert, Märkte zusammengebrochen, Warenwege versperrt. Es kommt immer wieder zu Hungertumulten und zu Ausbrüchen von Krankheiten und Seuchen. Die Pest zieht in schrecklicher Regelmäßigkeit durch die Straßen und nimmt mit, wen sie kriegen kann. Das Land ist verarmt, menschenleer und politisch bedeutungslos. Auch die geographische Lage ist wenig verheißungsvoll. Eingekreist von den Mächtigen seiner Zeit im Norden, im Westen und im Osten sind die Chancen nicht gut, das anvertraute Herrschaftsgebilde zu stabilisieren oder gar auszubauen.

Dann betritt als elfter Hohenzollern-Kurfürst Friedrich Wilhelm 1640 die Bühne der deutschen Reichspolitik und des europäischen Politiktheaters, auf der sich gerade die große Tragödie abspielt. Im gleichen Jahr, in dem es Paul nach Berlin zieht, kehrt auch der Kurfürst endgültig in seine märkische Residenz zurück. Das ist ein Zeichen für die gedemütigte Stadt. Der Waffenstillstand mit den Schweden ist nun in Kraft, in Münster und Osnabrück beginnen zähe Verhandlungen um einen dauerhaften Frieden. Beinahe unbemerkt und im Schatten der europäischen Politik beginnt der langsame Aufstieg Berlins.

Nachdem der Westfälische Friede 1648 das Reich neu geordnet hat, ist das Ergebnis für viele Beobachter ein „irregular Monstrum", wie der berühmte Staatstheoretiker
Samuel Pufendorf seufzend erklärt, weil die Neuordnung
des riesigen und unförmigen Reiches in Deutschland für
Jahrzehnte modernere Regierungsformen verhindern wird.
Die Hohenzollern sind jedoch Gewinner auf der ganzen
Linie. Als 1650 nach den letzten Vertragsschlüssen überall
festlich die Glocken läuten, weil endlich Friede ist, atmen
die Menschen überall im Land auf. Wie tief der Krieg
noch in den Knochen sitzt, will an so einem Tag keiner wissen. Gerhardt deutet den guten Ausgang nach dem großen
Verderben als Gnadenzeichen Gottes. Für die, die so
glimpflich davon gekommen sind, bricht eine neue Zeit an:

> *Gott Lob, nun ist erschollen*
> *Das edle Fried- und Freudenwort,*
> *Daß numehr ruhen sollen*
> *Die Spieß und Schwerter und ihr Mord.*
> *Wohlauf und nimm nun wieder*
> *Dein Saitenspiel hervor,*
> *O Deutschland, und sing Lieder*
> *Im hohen vollen Chor.*
> *Erhebe dein Gemüte*
> *Zu deinem Gott und sprich:*
> *Herr, deine Gnad und Güte*
> *bleibt dennoch ewiglich!*
>
> *Ach, laß dich doch erwecken,*
> *Wach auf, wach auf, du harte Welt,*

Eh als der harte Schrecken
Dich schnell und plötzlich überfällt!
Wer aber Christum liebet,
Sei unerschrocknen Muts;
Der Friede, den er gibet,
Bedeutet alles Guts.
Er will die Lehre geben:
Das Ende naht herzu,
Da sollt ihr bei Gott leben
In ewgem Fried und Ruh.

Paul Gerhardt will mehr vom Frieden als endlich Waffenruhe und ein unbehelligtes Leben. Er erinnert daran, dass der Friede auch zwischen Gott und Mensch gemacht werden will, damit die harte Welt sich erweicht und wieder ein menschliches Antlitz zeigt. Alles andere wäre ein fauler Friede.

Die Friedensverträge von Münster und Osnabrück bedeuten für das Herrscherhaus vor allem enorme Gebietszuwächse. So ist der junge Regent nach 1648 nicht nur Markgraf von Brandenburg und Herzog von Preußen, sondern auch Herzog von Pommern, Magdeburg und Cleve, Graf der rheinischen Mark und Fürst von Minden und Halberstadt. Das ist eine stattliche Sammlung von Herrschaftsmandaten für jemanden, der um die dreißig ist. Wen wundert es, dass der junge Herrscher große Ambitionen hat. Er träumt als erster Regent in seiner Familie von einem einheitlich brandenburgischen Gesamtstaat und hat feste Vorstellungen von der Regierungskunst, die ihn diesem Ziel ein Stück näher bringt, trotz großer politischer Rückschläge, die im Lauf der Regentschaft kommen werden. Am Ende geht er als der „große Kurfürst" in die Geschichtsbücher ein.

Dabei ist ihm das Land Brandenburg eigentlich fremd. Aufgewachsen ist er fern der Familienresidenz auf der sicheren Festung Küstrin. Seine Jugend verbringt er in Holland. Das Studium an der weltberühmten Universität in Leiden macht ihn vertraut mit Staats- und Wirtschaftsführung, den Rechten und der Geschichte, so wie sie die aufgeklärten Niederländer verstehen. Die Niederlande erleben zu Anfang des 17. Jahrhunderts ihr goldenes Zeitalter. Das Land ist die erste Welthandelsmacht, mit Kolonien, die bis nach Indien reichen. Es durchlebt eine Phase politischer und wissenschaftlicher Aufklärung. Hugo Grotius legt hier die Grundlage für das künftige Völkerrecht, als in Europa noch barbarische Kriegsexzesse toben. Große Maler wie Peter Paul Rubens, Vermeer und Rembrandt erfinden in ihren Gemälden eine neue Bildsprache, die den jungen Nachwuchsregenten sehr beeindrucken. In keinem anderen Land Europas können so viele Menschen lesen und schreiben. Es ist diese eigenwillige niederländische Mischung aus klugem Pragmatismus und opulenter Kunst, aus Aufklärung und Barock, die ihn fasziniert. Die Niederländer haben sogar die Affekte des Menschen vermessen, um sie besser kontrollieren zu können. Diese Kunst hat Friedrich Wilhelm wohl nicht übernommen. Er gilt als launisch und leidenschaftlich, aber auch als Mensch mit Sinn für Freundschaft und Beratung. Davon zeugt diese kleine Geschichte: Seine erste Frau Luise Henriette, die er aus den

Niederlanden mitgebracht hat, gilt als kluge Frau und enge Beraterin, trotz der Anfälle von Schwermut, unter denen sie offenbar im kargen Brandenburg litt. Einmal widerspricht sie dem Gemahl, als er sie in ihren Gemächern um Rat aufsucht. Da schmeißt er ihr den Fürstenhut vor die Füße und ruft: „Regieren Sie doch selbst, Madame." Nun, den Hut hat er schnell wieder aufgesetzt. Aber den Namen „Gewitterkopf" hatte er bei Hofe weg. Mit seinem Donnergrollen wird Paul Gerhardt noch heftige Bekanntschaft machen.

Anderes verfolgt er umso leidenschaftlicher, um die Verbindung zu der Welt seiner Jugend nicht abreißen zu lassen. Zeit seines Lebens sammelt Friedrich Wilhelm niederländische Malerei. Er betätigt sich als Mäzen und bringt im Laufe seiner Regentschaft eine stattliche Bibliothek zusammen. In den Niederlanden schaut der junge Hohenzoller sich auch ab, was Ingenieure, Gartenarchitekten und Baumeister vermögen, um eine Residenzstadt zu entwickeln, die den Namen verdient. Er lernt begierig alles, was es über den Deich-, den Brücken- und den Festungsbau zu wissen gibt. Das Land im Westen durchlebt eine Phase des Aufbruchs, die auch den Gaststudenten aus dem Osten ansteckt.

Aus diesen Quellen schöpft er die Ideen für den Wiederaufbau und den Ausbau seines Erbes. Berlin ist in den 40er Jahren des 17. Jahrhunderts ein kleines Licht. Es ist den damaligen Kartographen der Welt nicht mal einen eigenen Kupferstich wert. Weder die Enzyklopädie der Stadtansichten in den „Cosmographia universalis" noch die der „Civitas orbis terrarum" verzeichnen die Residenzstadt. Berlin ist buchstäblich ein weißer Fleck, auch auf der politischen Landkarte. Vielleicht hat der junge Regent in spe dann und wann in dem Folianten mit den Stichen geblättert, um sich einen Überblick über die Welt zu verschaffen. Leicht vorstellbar, dass einer der Erzieher ihn darauf aufmerksam gemacht hat, dass die Residenz seiner eigenen Familie in diesem politischen Landschaftspanorama fehlt. Kein noch so kleiner Hinweis auf Berlin. Hat das den Ehrgeiz des jungen Regenten angestachelt, der viele Jahre später einmal der „Große Kurfürst" heißen wird? Sicherlich hat er in den Niederlanden auch einen Sinn fürs Messen und Kartographieren entwickelt. Schon ein paar Jahre, nachdem er die Regentschaft angetreten hat, zeigt ein Stich von Kaspar Merian die Schwesterresidenzen mit dem Renaissanceschloss und dem Münzturm. Ein sinnfälliges Zeugnis dafür, dass mit Berlin nun zu rechnen ist.

Ungefähr 7000 Menschen leben in der Doppelstadt, als Paul Gerhardt hier ankommt. Die meisten Straßen sind ungepflastert, Dunghaufen, Müllberge und Holzstöße säumen die Wege. Das Wasser kommt wie auf den Dörfern aus den Brunnen. Hühner picken auf den Hauptverkehrsadern ihr Korn und Kühe grasen auf den Grünstreifen zwischen den Gebäuden. An der Spree waschen junge Mädchen die Wäsche direkt neben stinkenden Abfallbergen. Auch die Bürger der Stadt züchten Gemüse auf kleinen Äckern und halten Vieh, um sich mit Lebensmitteln zu versorgen. Berlin hätte auf Gerhardt vermutlich eher den Eindruck einer weitgezogenen Ackerstadt gemacht, wären da nicht das Schloss, das Gymnasium, das Hospital und die vielen Kirchspiele gewesen. Die Kirchen gliedern die Doppelstadt in Quartiere: Das Nikolai-, das Marien-, das Kloster- und das Heilig-Geist-Viertel. Dazu kommt die Petrikirche in Cölln und die reformierte Domkirche am Schloss.

Der Vermutung nach zieht es Paul Gerhardt in ein Haus in der Spandauer Straße. Es gehört einem Mann mit dem schönen Berufstitel „Churfürstlich Brandenburgischer Kammergerichts-Advokat". Das klingt sehr ehrenwert und ist es auch. Das Haus von Andreas Bertold befindet sich, der gesellschaftlichen Stellung des Juristen entsprechend, in idealer Stadtlage. Zur Nikolaikirche und zur Marienkirche sind es nur einige Schritte, der Turm des alten Rathauses liegt in Sichtweite. An der Rückseite des Hauses, hinter einem Garten, senkt sich unbebautes Gelände flach zum Strand der Spree. Auf der anderen Seite erstreckt sich die Wasserfront des Schosses mit seinem Kapellenturm und der Bastei. Heute liegt an dieser Stelle die Museumsinsel. Auch das berühmte Gymnasium zum Grauen Kloster befindet sich ganz in der Nähe der Nikolaikirche, unweit des heutigen Alexanderplatzes, neben der ehemaligen Klosterkirche der Franziskaner, die heute Ruine ist.

Über eine hölzerne Brücke kommt man herüber nach Cölln, dem Schloß- und Residenzbezirk der brandenburgischen Kurfürsten. Hier ist auch das Kammergericht untergebracht. Was tut Paul Gerhardt in Berlin? Auch hier bleibt nur das Mutmaßen: Hat er hier als Hauslehrer ein Auskommen oder verwaltet er als Sekretär die Geschäfte des Hausherrn? Die Kinder des Kammergerichtsadvokaten sind schon erwachsen. Vielleicht unterrichtet Gerhardt die Enkel, wie es in begüterten Familien üblich ist: Den Stoff des Elementarunterrichts lernen die Kleineren zuhause, bevor sie eine Höhere Schule besuchen. Zwei unverheiratete Töchter der Juristenfamilie leben ebenfalls noch im Haus. Eine der beiden, Anna Maria, wird zwölf Jahre später Gerhardts Ehefrau. Unterrichtet er die jungen Frauen, denen der Zugang zu höheren Schulen verwehrt ist? Wir wissen heute, dass viele von ihnen sich in den lateinischen und griechischen Klassikern ebenso gut auskannten wie ihre Brüder und Väter. Haben sie zusammen Musik gemacht? Die Hausmusik setzt sich in den bürgerlichen Familien gerade durch. Anna Maria hat, auch das wissen wir, Lieblingsgedichte und Lieder in einem eigenen Büchlein gesammelt. Das spricht nicht nur dafür, dass sie lesen und schreiben konnte. Es spricht auch für Interesse und Leidenschaft. Hat Gerhardt die Rolle des Vorlesers übernommen, der den abendlichen Zeitvertreib sichert? Waren die Töchter des Hauses vielleicht sein erstes Publikum für die eigenen Gedichte? Haben sie ihm dann und wann ein misslungenes Bild ausgeredet, sich über eine langweilige Passage beklagt oder eine zusätzliche Strophe verlangt? Haben sie ihn ausgelacht, wenn sein Ernst oder Ehrgeiz übertrieben wirkte? Wir wissen es nicht. Aber wir wissen, dass Lesen Mitte des 17. Jahrhunderts eine gesellige Angelegenheit ist. Nur Gelehrte und Geistliche ziehen sich gelegentlich allein in eine Ecke zurück, um in einem Buch zu studieren. Normalerweise lesen die Menschen laut, sie deklamieren oder dramatisieren einen Text mit verteilten Rollen. Das „Kino im Kopf", das so bei den Hörern entsteht, ist Unterhaltung, Bildung oder Andacht, je nach Buch, Autor und Anlass. Sicher war Gerhardt bei den täglichen Hausandachten dabei. Vermutlich wurde er auch schon dann und wann als Hilfsprediger in St. Nikolai eingesetzt, wenn Not am Mann war. Auch der Alltag in Berlin ist durch tägliche Gottesdienste bestimmt. Ob man hingeht oder nicht ist keine Frage von Lust oder Unlust. Die Gottesdienste gehören zum öffentlichen Leben. Dazu kommen Frühgebete, Vespern und natürlich die Hausandachten, die unter der Regie des Hausherren abgehalten werden. Die Menschen sind stundenlange Gottesdienste gewöhnt. Aus der ersten Hälfte des 17. Jahrhunderts stammt allerdings auch schon ein Dokument, das davor warnt, bei Leichenbegräbnissen bitte nicht länger als eine Stunde zu predigen. Wo Gottesdienste so selbstverständlich sind, ist die Musik nicht weit. Kantoreien und die Stadtpfeiferei gestalten liturgische, kommunale und private Anlässe und Feiern. Außerdem gibt es eine Hofkapelle, die Konzertmeister aus ganz Europa verpflichtet.

Der Umzug nach Berlin führt Gerhardt in den geschlossenen Kreis der bürgerlichen Elite Berlins. Advokaten und Geistliche, Bürgermeister, Ratsleute, reiche Kaufleute und Richter gehören dazu. Vermutlich hilft die Familie Bertold zum Entree in die bessere Gesellschaft. Hier debütiert er, nach allem, was wir wissen, auch öffentlich als Dichter, wie es in seiner Zeit üblich ist: mit einem Hochzeitsgedicht. Dieses Gedicht entspricht ganz dem Stil der Zeit. In 18 Strophen besingt er die Tugend des Paares, der Tochter von Andreas Berthold und ihrem Ange-

trauten, einem nicht mehr ganz so jungen Pfarrer der Nikolaikirche. Das geht nicht ohne Klischees. Gerhardt ist
nicht der einzige, der ein Gedicht dieser Art beisteuert.
Dichtung bei Gelegenheit ist groß in Mode. Als galante
Geste, als Geschenk und als Würdigung der Jubilare gehört es in der besseren Gesellschaft zum guten Ton. Mehr
oder weniger jeder mit Rang und Namen dichtet. Ärzte,
Richter und Beamte nehmen immer wieder die Feder zur
Hand, um das Reimen zu üben. Über die Ergebnisse
braucht man sich allerdings keine Illusionen zu machen.
Auch wenn das Verseschmieden zur Ausbildung gehörte,
waren damals schon manche 20strophigen Langgedichte
von ähnlicher Zumutung wie die, die heute noch in jeder
zweiten Familie Onkel Hannes oder Tante Luise bei Fami-
lienfeiern zum Besten geben. Da werden schnell ein neuer
Name eingesetzt, ein paar holprig gereimte Anspielungen
auf den Jubilar eingefügt, und fertig ist das Gedicht zum
Hochzeitstag, zum Firmenjubiläum oder zur goldenen
Konfirmation. Das ist mal unterhaltsam und überraschend
wortgewandt und ein anderes Mal einfach nur peinlich.
Um die Peinlichkeit möglichst klein zu halten, werden
deshalb auch schon damals vor allem die um ein Gedicht
gebeten, die wissen, wie es geht. Paul Gerhardt hat an-
scheinend genau diesen Ruf in Berlin schnell weg. Ob er
seine Freude daran hatte? Wir wissen es nicht. Gebrauchs-
kunst ist im 17. Jahrhundert nicht schlecht angesehen, im
Gegenteil. Die Lehrer der Poesie, die Gerhardt in Wittenberg hatte, haben ihm ja vorgemacht, dass aufgetragene
Gedichte auch strategische Geschenke an die Mitmen-
schen und bisweilen sogar Mittel zum gesellschaftlichen

Aufstieg sind. Wer den Titel „Poeta laureatus" führt, hat es geschafft. Doch gibt es auch kritische Stimmen. Martin Opitz, der Freund von Anton Buchner und Lehrer von Gerhardt in Wittenberg, stöhnt unter der Last der vollen Auftragsbücher. Listen von Geburtstags-, Hochzeits- und Jubiläumsgedichten müssen noch geschrieben werden. Epigramme und Elogen müssen her, Oden und Gesänge, um zu dekorieren, aufzuhübschen oder gar zu vertuschen. Schönreden nennt man das dann.

„Es wird kein Buch, keine Hochzeit, kein Begräbnis ohne uns gemacht und gleichsam ists als könnte niemand alleine sterben gehen. Man will uns auf allen Schüsseln und Kannen haben, wir stehen an allen Wänden und Steinen und wenn einer ein Haus ich weiß nicht wie sich gebracht hat, so sollen wir es mit unseren Versen wieder redlich machen. Dieser begehrt ein Lied auf eines anderen Weib, jenem hat von des Nachbarn Magd geträumt, einen anderen hat die Buhlschaft einmal freundlich angelacht, oder, wie dieser Leute Gebrauch ist, ausgelacht, ja des närrischen Aussuchens ist kein Ende. Nur ein Poet kann nicht schreiben wann er will und kann, sondern wenn er muss."

Der hohe Verbrauch an Gedichten für jede Gelegenheit schmerzt den Dichter. Er hat keine Wahl, sondern kann nur schreiben, wenn er einen Auftrag erhält, wie ein Geschäftsmann, der mit Reim und wohlgesetzten Worten Handel treibt. Kein Wunder, dass das Geschäft mit Gedichten von den Dichtern selbst mit Argwohn betrachtet wurde. Allzu schnell bleibt hier die Kunst auf der Strecke, weil der schnelle Gewinn den skrupelhaften Umgang mit der Sprache ersetzt.

Beginnt Gerhardt deshalb mit geistlichen Gedichten, um nicht festgelegt zu werden auf die Rolle des bestallten Gesellschaftsdichters? Kann er hier eher entscheiden, wie Kunst und Nutzen Freunde werden und sich wechselseitig unterstützen? Er bleibt zeitlebens auch ein Dichter für weltliche Gelegenheiten, das zeigen die zahlreichen Widmungsgedichte für nahe und entfernte Freunde. Die eigentliche Passion und die eigene Note, also das, was typisch an Gerhardt-Liedern ist, entfaltet und verfeinert sich indes in seinen geistlichen Liedern.

Schon vier Jahre nach seinem Umzug nach Berlin werden seine ersten Gesangbuchlieder veröffentlicht. Johann Crüger, der Nikolaikantor, der auch als Musiktheoretiker und Komponist von sich reden macht, übernimmt ein Bündel von 18 Gedichten in sein Liederbuch, indem er die Texte entweder einer bekannten Melodie anvertraut oder selbst eine komponiert. Das Nachwuchstalent Gerhardt steht nun Seite an Seite neben den großen protestantischen Liederdichtern, allen voran Martin Luther selbst. Eine günstige Fügung für die Geschichte des evangelischen Kirchenlieds. Johann Crüger legt offenbar Wert auf eine gute Mischung zwischen dem, was schon gute Tradition ist und dem, was zeitgenössische Qualitäten hat. Das ist das Erfolgsrezept seines Liederbuchs. „Praxis Pietatis melica. Das ist Übung der Gottseligkeit in christlichen und trostreichen Gesängen …", steht auf der Titelseite. Es ist für den Gottesdienst genauso gut geeignet wie für die persönliche Andacht und gehört mit den über vierzig Auflagen allein in Berlin zu dem erfolgreichsten Gesangbuch in der Geschichte des Protestantismus. Singen ist, dem Titel entsprechend, kein schmückendes Beiwerk, sondern eine wichtige Einübung in die Gottesnähe. Deshalb ist ihre Bedeutung für die protestantische Frömmigkeit gar nicht zu überschätzen. Wer übt, der wiederholt, immer und immer wieder. In schöner Regelmäßigkeit prägen sich die Worte ein. Die Gelehrten des 17. Jahrhunderts finden ein unappetitliches Bild für diesen Prozess: ruminatio – „wiederkäuen" nennen sie diese Übung. Das regelmäßige Singen und Meditieren der Lieder ist für sie so wichtig wie die Nahrung, die man langsam kauen soll.

Durch die Musik in Schwingung versetzt, finden die Worte und Gedanken leichter den Weg durch den Gehörgang ins Herz. Da setzen sie sich allmählich fest und sind zum Schluss nicht mehr herauszulösen. Der Affekt greift den Intellekt am Schlawittchen. Und der Sänger ist endlich nicht mehr nur ein halber Mensch, dessen schwerer Kopf so schwer glauben mag. Und aus dem Gesang wird eine „Cognitio Dei experimentalis", eine Gotteserkenntnis, die geradezu hautnah erfahrbar wird. Das treibt dem Kopf den Zweifel aus. Aus dieser Erfahrung entspringt unter Umständen ein Jubelton und Dankgefühl. Der Sänger lässt sich hinreißen von einem Perspektivenwechsel, den er unter Umständen gar nicht eingeplant hat. Die Sinne ändern ganz von allein ihre Richtung, weg vom in sich selbst verkrümmten Ich auf Gott. Für die Dauer eines Verses, einer Strophe, oder, wenn's richtig gut läuft, auf die Länge eines Liedes komme eine Ahnung von Erlösung auf, das wusste schon der alte Melanchthon. Im Gesang sieht er das beste Mittel zum Gemeindeaufbau. Paul Gerhardt folgt pfeilgrad dieser Tradition.

So wie Wort und Melodie im Rhythmus ein Bündnis eingehen, so vertragen sich beim Singen auch Wille, Verstand und Einbildungskraft. Geist und Seele geraten gemeinsam in Bewegung. Auch das Zwerchfell zieht sich zusammen und entspannt wieder. Der Körper wird zum Resonanzraum. Die Wirkungen des Singens sind physisch spürbar. Sogar die Herzmuskeln werden massiert. So wird der ganze Mensch bewegt, im doppelten Sinn des Wortes. Er bewegt seine Organe, vom Kehlkopf bis zum Rippenfell. Und sein Herz gerät in Bewegung. Es läßt sich anrühren.

Lieder sind geniale Lernhilfen und Gedächtnisstützen, sie sind individuelle Ausdruckshilfe und eine Form der Selbstüberredung. „Auf, auf, mein Herz mit Freuden" oder „Du meine Seele, singe". Gerhardts Liedanfänge beginnen oft mit dieser Aufforderung an sich selbst. Als müßte ihr Sänger sich auf diese Weise aus der Lethargie befreien. Das ist nur auf den ersten Blick ein verrückter Gedanke. Die Lust zum Singen kommt oft erst, wenn man singt. Wer traurig ist, lernt erst im Loben wieder, Gott zu loben. Und wer nicht mehr weiter weiß, findet erst durch die gesungene Ermunterung einen Ausweg für seine Gedanken. Das Luthertum hat diese seelsorgerliche Wirkung der Musik immer wieder betont. Musik vertreibt Melancholie. Sie hellt schwarzgallige Seelenlagen auf und verbannt das Gefühl der eigenen Vergeblichkeit. Das hat einen tiefen theologischen Grund: In der geistlichen Musik klingt wie ein fernes Echo die „himmlische Kantorei". Sie verweist auf die Chorwerke der Engel und versetzt als Sphärenmusik den ganzen Kosmos in Schwingung. Bis in

Johann Ebelings Einleitungen zu seiner Paul-Gerhardt-Edition hält sich die antike Vorstellung von der kosmischen Klangharmonie. Halb augenzwinkernd, halb ernst erinnert der Freund Gerhardts an die alte Unterstellung, dass die Welt voller Ähnlichkeiten und Korrespondenzen ist. So wie die Mathematik sich in den Intervallen zwischen den Tönen finden läßt, so wie die Wirkung der Musik das Temperament ihrer Hörer verändert und starke Affekte auslöst, so machen auch die Harmonien der Gestirne und die Bewegungen der Umlaufbahnen ihr eigenes Konzert. Die Musik, die Hofkapellen, Stadtpfeifer und Kantoreien zur Ehre Gottes haben Teil an dieser unsichtbaren Partitur des Kosmos. Deshalb heilt sie, deshalb bringt sie uns ins innere Gleichgewicht. Zu allem Überfluß ist Musik ein wunderbares Medium für die Herzensbildung. Denn über die Sinne führt der Weg zum inneren Sinn des Menschen.

Die gute musikalische Ausbildung in Grimma kommt Gerhardt jetzt zu gute. Seine Verse sind zur Vertonung besonders gut geeignet. Es ist fast, als sänge er sie sich schon bei ihrer Verfertigung vor, so sehr entsprechen die Wortfolgen dem Spannungsbogen der Atmung. Hier wiederholt sich das, was in den alten Rhetorikbüchern schon über die Dichtkunst geschrieben und gelehrt wurde. Lieder sind wahre Alleskönner. Sie unterhalten, sie belehren und bewegen. Und zwar alles zugleich, wenn sie gut sind. Darum spielt neben den Texten auch die Musik selbst eine wichtige Rolle. Sie ist viel mehr als die Untermalung geistreicher Texte. Johann Crüger und Johann Georg Ebeling, der das Werk des älteren als Nikolaikantor in den 60er Jahren fortsetzt, komponieren nicht nur Melodien, die Gerhardts Poesie unterstreichen. Auch Sätze für mehrere Singstimmen und Instrumentalbegleitung fließen aus ihrer Feder. Während sich Crüger an die schlichte Eindringlichkeit des Genfer Psalters hält und auf diese Weise die musikalische Tradition der Calvinisten mit der Sprachkunst des engagierten Lutheraners verkuppelt, orientiert sich der jüngere Ebeling mehr an der italienischen Soloarie, die sich den Weg über die Alpen gebahnt hat und immer populärer wird. So gelangt Paul Gerhardt in Kirchen, in die gute Stube und ins Schlafzimmer. Er wird in Konzertsälen und Kirchen ebenso zu Gehör gebracht wie in Wohnzimmern und Schulgebäuden.

Schon die erste Auflage des Gesangbuches findet reißenden Absatz. Wer hier unterkommt, hat sich einen idealen Platz erobert, um seine Lieder so weit es geht zu verbreiten. In atemberaubender Geschwindigkeit veröffentlicht Gerhardt nun Lied um Lied, Gedicht um Gedicht. Ob er sie alle in so einer Windeseile geschrieben hat? Oder gibt es schon die eine oder andere Kladde, die er über Jahre mit sich herum getragen hat? Bringt er gar ein Bündel mit Liedern aus Wittenberg nach Berlin, die er über Jahre in einem Koffer versteckt hat? Wir wissen es nicht. Innerhalb weniger Jahre sind Paul-Gerhardt-Lieder bald buchstäblich in aller Munde.

Gerhardt ist schon ein prominenter Mann, da unterzeichnet er immer noch als „Theol. Studiosus", als Student der Theologie. Ein Examen hat er in Wittenberg augenscheinlich nicht gemacht. Das ist allerdings nicht ungewöhnlich in diesen Zeiten und macht aus Gerhardt noch keinen Bummelstudenten. Studienabschlusse hatten eine weniger geregelte Form und spielten nur eine untergeordnete Rolle. Ob jemand Magister war, entschied nicht darüber, ob seine Gelehrsamkeit anerkannt war. Es war nicht unbedingt nötig, den Abschluss eines Bildungswegs mit einem Zeugnis zu beweisen. Vielleicht, weil Bildungswege damals noch als unabschließbar galten. Fürs lebenslange Lernen aus Passion spricht bei Gerhardt die stattliche Bibliothek von über tausend Bänden, die im 18. Jahrhundert als sein Nachlass entdeckt wird, um dann doch in den Wirren des zweiten Weltkriegs verloren zu gehen. Der ewige Student war mit Sicherheit ein Büchernarr aus Leidenschaft. Gerhardt muss im Laufe seines Lebens ein Vermögen für seine Sammlung ausgegeben haben, wenn man berücksichtigt, wie teuer Bücher damals gewesen sind. Eine Leidenschaft, die er mit dem Kurfürsten teilt.

Paul Gerhardt ist mittendrin, als die Atmosphäre des Aufbruchs sich langsam in den Köpfen der Berliner festsetzt. Offenbar befeuert die Energie des Neubeginns auch seine Schaffenskraft. Er verkehrt in den Kreisen, die den Aufbau der Stadt mit nach vorne bringen. Gerhardt ist mit Petrus Fritze befreundet, der Brandenburg bei den Friedensverhandlungen in Osnabrück unterstützt. Michael Schirmer, der Konrektor am Berliner Gymnasium und selber ein anerkannter Dichter ist, gehört ebenso zum Bekanntenkreis wie Martin Weise, der Leibarzt des Kurfürsten. Der Arzt ist auch an Projekten der Stadtentwicklung beteiligt. Hat Weise die großen Karten zwischendurch auch vor Paul Gerhardt ausgerollt, um ihn über seine Schulter auf die Pläne für das neue Berlin gucken zu lassen, die der Kurfürst in Auftrag gegeben hat? Sprechende Zeugnisse dieser Freundschaften sind die Widmungsgedichte, die Gerhardt bei Gelegenheit trauriger und fröhlicher Anlässe im Leben der Freunde schreibt.

Das wohl schönste Hoffnungszeichen für den Wiederaufbau Berlins sind die Gärten, die der Kurfürst anlegen lässt. Linden werden auf sein Geheiß gepflanzt, die der späteren Prachtmeile ihren Namen geben. „Unter den Linden" heißt sie noch heute. Tiergarten und „gruner Wald", der spätere Grunewald, sind mit ihrem urwaldähnlichen Baumbestand nicht mehr länger als Verstecke für Flüchtlinge gut. Sie sind mit ihrem Wildbesatz sonntags das Ziel der Jagdpartien und montags Anschauungsstätten für die Erforschung der Natur. Ein Zeitvertreib, der in der zweiten Hälfte des 17. Jahrhunderts immer beliebter wird. Auch die Geistlichen entdecken die Natur. In ihrer Schönheit, in ihren Farben, in ihren Formen entdecken sie einen sinnfälligen Gottesbeweis. Das Buch der Natur kann meditiert werden wie ein Psalm, der Gottes Schöpfung besingt.

Der neue Lustgarten ist das markanteste Zeichen für den Aufbruch. 1645 gibt Friedrich Wilhelm die Order, den Schlossgarten, der im Krieg völlig verwildert ist, mit Gebäuden, Grotten, Springbrunnen und Statuen aus Marmor zu versehen und mit „Gewächsen reichlich zu bepflanzen". Berühmte Gartenarchitekten werden verpflichtet. Ihr Handwerk haben sie, wie könnte es anders sein, in den Niederlanden gelernt. Narzissen und Tulpen zieren den Blumengarten. Er liegt auf der oberen Terrasse des Lustgartens, der an das Schloss grenzt und für Publikum zugänglich wird. Die Blumenzwiebeln hat der Kurfürst eigens aus Haarlem eingeführt. Die Tulpe mag heute eher für billigen Pflanzenschmuck aus dem holländischen Großmarkt stehen. Damals war sie ein kostbares Sammelobjekt. In der Mitte des 17. Jahrhunderts steht die Tulpe für exotische Träume. Sie gilt als Symbol für Herrschaft, seit Reisende sie im 16. Jahrhundert aus den Gärten des türkischen Sultans nach Europa gebracht haben. Tulpenzwiebeln werden wie Edelsteine gehandelt. Sie erzielen horrende Preise, für die sich ihre Liebhaber dann und wann sogar bis zum Bankrott verschulden. Tulpenzwiebeln werden zum Spekulationsobjekt. Sie zu sammeln ist ein luxuriöser Zeitvertreib in Friedenszeiten, der auch ins Lasterhafte kippen kann. Von „Tulpomanie" wollen manche Beobachter gar sprechen. Als die Preise für die Blume in den Keller fallen, kommt es zum ersten Börsenkrach der Geschichte.

Gärten sind im 17. Jahrhundert sprechende Orte. Als domestizierte Natur sind sie schon im Ganzen ein Sinnbild für menschliche Herrschaft. Doch mehr noch. Jedes Detail, jede Pflanzenart, jeder Zirkel einer Hecke, jeder Aspekt der Anlage ist von Bedeutung. Gärten werden zu Sinnbildern des Lebens. Als geordnete Kosmen im Kleinen verweisen sie auf die Ordnung der Welt. Wenn der Kurfürst einen Garten vor dem Schloss anlegt, dann ist die Botschaft klar. Der Garten ist Manifestation seiner weltlichen Macht. Seht her, sagen die prachtvollen Anlagen mit den exotischen Gewächsen, ich bin der Herrscher dieses Fleckchens Erde. Genauso kunstvoll wie der Garten ist meine Regierung, genauso geordnet wie die Blumenrabatten ist mein Gesetz, genau so wie die Bäume steht ihr, meine Untertanen, in Reih und Glied. Ich bin der Gärtner, ich sorge für die Pflege, die ihr braucht. Die politische Ordnung des Territorialstaats spiegelt sich in der Anlage des Gartens.

Im Garten klingt auch das verlorene Paradies mit an. Gärten sind Sehnsuchtsorte, in denen sich für einen kleinen Moment der alltägliche Kampf in eine heile Welt verwandelt. Wasser plätschert aus einer Grotte, schwere Blumendüfte vertreiben den Gestank der Straße. Die Sinne sind aufs Schönste alarmiert. So entsteht eine eingehegte Gegenwelt mitten in der Stadt, als freundliche Illusion aus Farbenspiel und Lichtreflexen. Viele Zeitgenossen konnten damals diese Zeichen deuten. Sie konnten in den Gärten lesen wie in einem Buch. Seine Zeichen lassen sich allerdings nicht mit Nachschlagewerken aus der Botanik entschlüsseln. Blumen und Pflanzen haben vielmehr eine übertragene Bedeutung. Sie zeigen etwas, was man gar nicht sehen kann. Die Rose steht mit ihrer Blütenpracht und ihren Dornen für das Leben voller Schönheit und voller Schmerz, die weiße Lilie für Reinheit. Die verborgenen Botschaften kommen an. Der Spaziergänger wandert durch den Garten wie durch einen Text, in dem jedes Wort etwas anderes bedeutet. Sie lesen im Buch der Natur, dem „ABC-Buch" für Gottes Freundlichkeit gegenüber der Welt, wie ein berühmter Theologe des 17. Jahrhunderts, Johann Gerhard, einmal gesagt hat.

Wie oft ist Paul Gerhardt durch die fürstlichen Gärten gewandert, alleine oder mit einem Freund ins Gespräch vertieft? „Lustwandeln" ist nicht ohne Grund im 17. Jahrhundert erfunden worden. Vielleicht ist nach so einem Spaziergang das berühmteste Gedicht von ihm entstanden: Der Sommergesang. Er verführt nicht nur zum Lustwandeln in der Natur. Er verführt die Sänger auch auf einen Spaziergang durch die lutherische Theologie. Nicht, indem er Lehrsätze formuliert, sondern weil er die Sinne reizt, Bilder vor Augen stellt und Emotionen weckt. Dabei braucht es einen längeren Atem. Gerhardts Sommergesang hat 15 Strophen und ist damit schon eine ausgemachte Wanderung.

Geh aus, mein Herz, und suche Freud
In dieser lieben Sommerzeit
An deines Gottes Gaben;
Schau an der schönen Gärten Zier
Und siehe, wie sie mir und dir
Sich ausgeschmücket haben.

Die Bäume stehen voller Laub,
Das Erdreich decket seinen Staub
Mit einem grünen Kleide;
Narcissus und die Tulipan,
Sie ziehen sich viel schöner an
Als Salomonis Seide.

Die Lerche schwingt sich in die Luft,
Das Täublein fliegt aus seiner Kluft
Und macht sich in die Wälder;
Die hochbegabte Nachtigall

Ergötzt und füllt mit ihrem Schall
Berg, Hügel, Tal und Felder.

Die Glucke führt ihr Völklein aus,
Der Storch baut und bewohnt sein Haus,
Das Schwälblein speist die Jungen;
Der schnelle Hirsch, das leichte Reh
Ist froh und kommt aus seiner Höh
Ins tiefe Gras gesprungen.

Die Bächlein rauschen in dem Sand
Und malen sich und ihren Rand
Mit schattenreichen Myrten;
Die Wiesen liegen hart dabei
Und klingen ganz vom Lustgeschrei
Der Schaf und ihrer Hirten.

Die unverdrossne Bienenschar
Fliegt hin und her, sucht hie und dar
Ihr edle Honigspeise.
Des süßen Weinstocks starker Saft
Bringt täglich neue Stärk und Kraft
In seinem schwachen Reise.

Der Weizen wächset mit Gewalt
Darüber jauchzet Jung und Alt
Und rühmt die große Güte
Des, der so überflüssig labt
Und mit so manchem Gut begabt
Das menschliche Gemüte.

Der Dichter hat mit seinem Sommergesang einen eigenen poetischen Paradiesgarten gebaut. „Der schönen Gärten Zier" ist eine theologische und eine poetische Parallelaktion zur kurfürstlichen Demonstration, gewiss, aber auch ein kritischer Kommentar.

Die Idee, einen Lustgarten zu dichten, ist nicht ohne Witz. Denn für die Zeitgenossen sind Gedichte selbst wie Gartenparadiese, in denen man spazieren gehen kann. Die Gesellschaften, in denen sich die Poeten der Zeit organisiert haben, tragen blumige Namen: „Fruchtbringende Gesellschaft" die eine, „Palmorden" die andere. Viele Gedichts- und Andachtssammlungen tragen den Garten sogar im Titel: da gibt es „Poetische Lustgärten" und „poetische Wäldchen", ja sogar ein „geistliches Paradiesgärtlein" kommt vor. So heißt die einflussreiche Gebetsammlung von Johann Arndt. Vom „Paradiesgärtlein" behaupten manche Biographen sogar, Gerhardt habe dieses Buch Zeit seines Lebens in der Jacke getragen. Im „Paradiesgärtlein" des Erbauungsschriftstellers ist die menschliche Seele selbst ein Garten.

Da sieht man ja den Wald vor lauter Bäumen nicht mehr, könnte man meinen. Doch das ist typisch fürs Barock. Ständig verweist das eine aufs andere. Immer verspricht die eine Bedeutung noch einen ganz anderen Sinn. Das ist ziemlich doppelbödig, aber auch interessant. Auch die schlichten Gerhardt-Lieder sind nur auf den ersten Blick klar und eindeutig. Gerhardt spielt souverän mit der Idee, dass unsere Worte wie Pflanzen sind: lebendig, pflegebedürftig und schön. Einmal nahrhaft und ein anderes Mal giftig, einmal samtig, ein anderes Mal stachelig.

Dichter veredeln die Sprache und beschneiden den Wild-wuchs der Worte, bis alle präzise in Reih und Glied stehen. So fügen sie sich in eine vollkommene Ordnung ein. Und das Versmaß ist der Zaun, der den Garten einhegt. Eigentlich ein einleuchtendes Bild.

Wer das Getümmel der Tiere und die Pflanzensammlung genau betrachtet, merkt schnell, dass Gerhardt in seinem Sommergesang keinen Spaziergang in der Natur besingt. Er ahmt kein überwältigendes Naturerlebnis nach. Dazu geht es in dem Garten, den Gerhardt heraufbeschwört, viel zu künstlich zu. Die Pflanzen und Tiere passen nämlich in keine Jahreszeit. Wenn die Schwälbchen ihre Jungen speisen, sind die Tulpen längst verblüht. Myrten und Weinstöcke wachsen in „märkisch Sibirien" überhaupt nicht. Dazu ist es in Brandenburg zu kalt. Taube, Glucke, Hirsch und Reh sind die Tiere, die durch die Psalmen der Bibel springen.

Wenn wir, wie damals der Fürst von seinem Balkon, den poetischen Garten von oben anschauen und das ganze Ensemble mit allen Strophen überblicken, wirkt auch die Symmetrie des Gedichtes verdächtig. So perfekt ist nicht mal der Garten des Sonnenkönigs. In Gerhardts Gedicht verblüht nämlich nichts. Kein Laub liegt herum. Kein Herbst will werden. Die Vergänglichkeit, an die die irdischen Gärten im 17. Jahrhundert genau wie an die Schönheit erinnern, hinterlässt im Sommergesang keine Spuren.

Paul Gerhardt, der humanistisch gebildete Dichtertheologe, baut sein Gartenparadies nicht aus dem, was er erlebt, sondern aus dem, was er weiß. Er zeichnet ein idealisiertes Bild von der Natur als Gottes Schöpfung und greift dafür auf ganz alte Überlieferungen zurück. „Und Gott der Herr pflanzte einen Garten" heißt es in der Genesis. Die ersten sieben Strophen folgen dem biblischen Schöpfungswerk. In sieben Tagen hat Gott die Welt geschaffen wie ein Gärtner seine Felder anlegt. Nun pulsiert die Welt, sie springt und treibt aus. Hier ist überschäumendes Leben mit Lärm und Lustgeschrei. Der Lärm des Lebens klingt für den Dichter wie ein Konzert. Alles singt – und er singt mit.

Ich selber kann und mag nicht ruhn;
Des großen Gottes großes Tun
Erweckt mir alle Sinnen;
Ich singe mit, wenn alles singt,
Und lasse, was dem Höchsten klingt,
Aus meinem Herze rinnen.

Ach, denk ich, bist du hier so schön
Und läßt du uns so lieblich gehn
Auf dieser armen Erden,
Was will doch wohl nach dieser Welt
Dort in dem reichen Himmelszelt
Und güldnen Schlosse werden!

Welch hohe Lust, welch heller Schein
Wird wohl in Christi Garten sein!
Wie muss es da wohl klingen,
Da so viel tausend Seraphim
Mit eingestimmtem Mund und Stimm
Ihr Halleluja singen!

Das geht noch ein paar Strophen so weiter. Jetzt ist alles „gülden", „hoch" und „hell". Das sind die Attribute für das Himmelreich. Ein anderer Lebensraum tut sich auf. Die Gebäude, die Gerhardt besingt, deuten zwar auf herrschaftliche Wohnungen. Ein Schloss, ein Thron. Das sind die Signaturen eines Fürsten. Doch der Hofstaat besteht nicht aus holländischem Adel, sondern aus Seraphim. Und die Burg ist auf Goldgrund gemalt. Das Eden vor dem Schloss des Kurfürsten ist nur noch ein matter Abglanz der geballten Herrlichkeit. Da geht es ihm nicht anders als den anderen Parkanlagen der Welt, die für das Diesseits stehen. Wer ist der schönste Garten im Land? Es ist der himmlische Garten. Heimische und exotische Flora und Fauna, die uns bei den Spaziergängen begegnet, ist ein Vorschein für die himmlische Gartenschau. Die irdischen Gartenparadiese sind wie Fenster zu einer unsichtbaren, wunderbar geordneten Welt; sie schrumpfen zu Vorgärten. Die modische Gartenlust bekommt so eine neue Note. Als Reich Gottes ist der Garten Gottes wie eine weitere Dimension mitten in der Welt zu erkennen für den, der die Zeichen zu deuten weiß. Gott macht dem Fürsten den höchsten Rang streitig. Er verweist seine Machtansprüche in das Reich der vorletzten Dinge. Das macht unabhängig. Gerhardts Lied hat auch eine religionspolitische Botschaft. Er will seine Lieder nicht in den Dienst des Fürsten dieser Welt stellen. Die „hochbegabte Nachtigall" ist ein Symbol dafür. Der singende Vogel ist im Barock das Sinnbild der Dichter. Auch die Narzisse spielt in den Bilderkatalogen der Zeit auf den Künstler an. „Narcissus poeticus" heißt das hübsche Pflänzchen mit den schmalen Blättern und der langen weißen Blüte bei den Gärtnern. Die alten Legenden erzählen gleich eine ganze Geschichte dazu. Die Narzisse wächst nämlich genau da, wo Narziß, der eitle Jüngling, sich in sein eigenes Spiegelbild verliebt, als er auf die Oberfläche eines Teiches blickt. Eines Tages macht sich die Königstochter Persephone auf, um auf üppiger Wiese ein paar Blumen zu pflücken. Als das Mädchen nach der Narzisse greift, wird sie in einen düsteren Abgrund gezogen. Die Narzisse ist wie die Kunst in dieser Erzählung nicht nur schön, sie ist auch gefährlich. Sie wächst bei Paul Gerhardt neben der Tulpe, die als Symbol weltlicher Herrschaft zwanglos auf ihren manischen Sammler, den Kurfürsten verweist. So wie der erste Börsenkrach auf dem Tulpenmarkt die Schattenseite der Tulpomanie zu Tage bringt, so steht diese Blume auch für den Schatten großer Herrlichkeit: Der große Reichtum von heute ist schon morgen vielleicht nichts mehr wert.

Der Dichtergarten macht dazu dem Fürstengarten Konkurrenz. Er fordert Einfluss über die Menschen. Beide jedoch verweisen letztlich nur auf Gottes Gartenreich. Und weil Gerhardts Sommergesang ein geistlicher Garten sein will, vermittelt er den Zauber dieses Übergangs. So entsteht ein unentwirrbares Geflecht von Verweisen. Wer mit diesem Lied auf den Lippen den nächsten Sonntagsspaziergang unternimmt, wird Augen machen. Allerdings nur, wenn er nicht, wie es weithin üblich ist, auf die letzten Strophen verzichtet. Sonst verpasst er die Pointe. Überall lugt nämlich plötzlich ein Stück Himmel hervor.

Mach in mir deinem Geiste Raum,
Daß ich dir werd ein guter Baum,
Und laß mich Wurzeln treiben,
Verleihe, dass zu deinem Ruhm
Ich deines Gartens schöne Blum
Und Pflanze möge bleiben!

Erwähle mich zum Paradeis
Und laß mich bis zur letzten Reis
An Leib und Seele grünen;
So will ich dir und deiner Ehr
Allein und sonsten keinem mehr
Hier und dort ewig dienen.

V. Passion als Lebenskunst –
Vom Umgang mit dem Sterben

Paul Gerhardt ist als Dichter geistlicher Lieder schon prominent und als Mann in den besten Jahren, da wagt er einen zweifachen Neuanfang. Er wird Pfarrer und er heiratet. 1651 sucht Mittenwalde, ein Städtchen im Brandenburgischen, einen neuen Propst. Das geistliche Ministerium in Berlin empfiehlt Gerhardt. Das Empfehlungsschreiben spricht von ehr- und friedliebendem Gemüt und untadeligem Leben, „daher er auch bei Hohen und Niedrigen unseres Ortes lieb und wert gehalten und von uns alle Zeit das Zeugnis erhalten wird, dass er auf unser freundliches Ansinnen zu vielen Malen mit seinen von Gott empfangenen Gaben um unsere Kirche sich beliebt und wohlverdient gemacht hat." Das nennt man einen guten Ruf. Im September hält er eine Probepredigt. Nach dem Amtsexamen wird der nicht mehr ganz so junge Theologe von 44 Jahren in der Berliner Nikolaikirche zum Pfarrer ordiniert. Dann zieht Gerhardt ins nahe Mittenwalde und damit in einen düsteren Herrgottswinkel der Mark. Wer reist schon nach Mittenwalde, fragt Theodor Fontane zweihundert Jahre später lakonisch. Er war da. Und er hat dem Städtchen in seinen Wanderungen durch die Mark Brandenburg ein literarisches Denkmal gesetzt.

Der Grundriss des alten märkischen Städtchens ist im heutigen Stadtbild noch gut zu erkennen. Im Norden steht das Berliner Tor mit dem Pulverturm. Zwei Straßen laufen immer noch im Halbkreis um den Stadtkern herum. Hier stand die mittelalterliche Ringmauer. In der Mitte des 17. Jahrhunderts weiden vor den Toren Schafe und Rinderherden. In Kartoffelwurfweite zu den Häusern, die sich um die Moritzkirche ducken, legen die Bürger ihre Obstgärten an. Hier bauen sie das Korn an. Sogar Versuche im Weinbau soll es gegeben haben. Ruinen, verwildertes Land und verkarstete Äcker sprechen allerdings eine ebenso deutliche Sprache. Als Gerhardt hier das Propstamt übernimmt, haben sich der Ort und seine Bewohner noch nicht von den Spuren des Krieges erholt. Das Städtchen gleiche noch immer einer „Mördergrube", notiert ein Bürger. Gerhardt selbst spricht von den „itzigen drangseligen, geldmangelnden und irregular Zeiten", die sich wie eine bleierne Decke über alles legen. Kriegsgewinnler versuchen, ihre Mitbürger mit Wucherzinsen zu erpressen. Häuser stehen leer und verschwinden unter den Wucherungen der Holundersträucher. Das Geldsystem, das sich auf dem Lande mühsam durchgesetzt hat, wird immer wieder durch die Tauschwirtschaft von Naturalien und Wertsachen ersetzt. So entstehen Schwarzmärkte im Schatten der kleinstädtischen Handelsplätze.

Der Inhaber der zweiten Pfarrstelle, Christian Ahlborn, legt sich auch deshalb immer wieder mit den Stadtvätern an. Schon in den Kriegswirren hat er der Gemeinde als Seelsorger die Treue gehalten. Das ist nicht selbstverständlich. Dokumente berichten von verwaisten Pfarrstellen und geplünderten Kirchen. Geistliche haben den Bierausschank oder die Viehzucht zu ihrer Einnahmequelle gemacht. Auch Theologenseelen sind nicht immun gegen

Verwahrlosung. Es geht die Kunde von Dorfkirchen in Brandenburg umher, in denen Komödianten mit Tanzbären und dressierten Affen auftreten. Kapellen werden als Hühnerställe oder Heuschober genutzt, Kirchen als Rummelplätze und Vorhöfe der Glaubenslosigkeit – auch dieses Vermächtnis hat der große Krieg hinterlassen. Es wurde eben nicht nur mehr gebetet im Auge des Grauens. Es wurde auch mehr gezweifelt. Gerhardt kommt als Seelsorger nach Mittenwalde. Und verletzte Seelen wohnen hier an jeder Ecke. Dazu kommen Gottesdienst und Predigt, Beichte und Abendmahl, Taufen, Trauungen und Begräbnisse – die Frömmigkeit der Zeit ist von Ritualen bestimmt. Für den Anfänger im pastoralen Amt sicher keine einfache Aufgabe. Doch das religiöse Leben liegt am Boden und braucht alle Hilfestellung, um wieder auf die Beine zu kommen. Der dreißigjährige Krieg hat das Bild des Pfarrers schleichend geändert. Verstand der Geistliche sich vorher als Zuchtmeister und Lehrer mit ordentlichem Sicherheitsabstand zur Gemeinde, rückt er den Menschen in ihren Nöten nun näher. Pest und andere Epidemien fordern den Geistlichen als Krankenbeistand und als Sterbebegleiter. Der massenhafte Tod und das eigene Ansteckungsrisiko überfordern allerdings viele Pastoren. Katastrophenseelsorge haben sie nie geübt. Sie ergreifen die Flucht oder weigern sich, die Pesthäuser zu betreten. Die Frage, ob Pfarrer in die hoch infektiösen Häuser gehen müssen, wird unter den Theologen immer wieder kontrovers diskutiert. Muss der Sterbebegleiter das Wohl seiner Familie mutwillig gefährden? Gegen Ende seines Lebens wird auch der alte Gerhardt vom Rat der Stadt Lübben erbitten, dass man ihn von dieser Zumutung entlastet.

Als Propst betreut Gerhardt von Mittenwalde aus auch die Kirchen der umliegenden Dörfer. Einmal im Jahr, zwischen Pfingsten und Johannistag, macht er sich auf, um zur schönsten Sommerzeit die Schulen und Kirchspiele des Geländes zu inspizieren. Vermutlich reitet er zu Pferde, wie es für Landgeistliche auf Inspektionsreise üblich ist. Schon zu Beginn seiner Amtszeit scheint es Spannungen gegeben zu haben zwischen ihm, dem Neuen, und Christian Ahlborn, dem verdienten Ortspfarrer. Der hatte sich offenbar berechtigte Hoffnungen auf das Propstamt gemacht und fühlt sich nun zurückgesetzt. Ärger ist da vorprogrammiert.

Schlechte Laune macht dem neuen Mittenwalder Propst offenbar der Verwaltungskram, der in einem Amt mit Leitungsaufgaben zu einem ziemlichen Berg anwachsen kann. Die Eintragungen im Rechnungsbuch, so schreibt ein kleinkarierter Biograph, wirkten „wie unwillig hingeworfen und fast geschmiert". Nun, wenigstens dieses Klischee kommt bei einem Dichterpfarrer nicht ganz unerwartet.

Als bestallter Propst kann Gerhardt endlich heiraten. Das schickt sich für ein ordentliches lutherisches Pfarrhaus. Im Hause Bertold in Berlin hat Gerhardt die jüngste Tochter Anna Maria kennengelernt. Waren sie verlobt? Haben sie Briefe getauscht, in denen Gerhardt kleine Anekdoten über seinen Pfarralltag mit seiner Werbung verbindet? Hat Anna Maria Einsicht in die neuesten Gedichte verlangt? Kontakt haben beide nachweislich auch nach

Gerhardts Umzug nach Mittenwalde gehalten. Anna Maria hat beispielsweise ein Patenamt in Mittenwalde übernommen. Sicher haben sich beide bei der Taufe getroffen. Am 11. Februar 1655 werden sie im Elternhaus der Braut getraut. Er ist fast 48, sie beinahe 33 Jahre alt. Hat die Kurrende des Grauen Klosters aufgespielt? Gibt die Bessere Gesellschaft ihre Glückwünsche in Reimform zum Besten? Hat der gute Freund, Johann Crüger, zu seinen Ehren ein Lied oder ein Stück Musik komponiert? Wir stellen es uns als wahrscheinlich vor. Wie das Ehepaar gewohnt hat, wissen wir allerdings ziemlich genau. Handwerkerrechnungen helfen da auf die Sprünge. Gerhardt hat sich ein gedecktes Lehmfachwerkhaus herrichten lassen, mit Diele und Küche, Wohnstube mit Kamin, Mägdekammer, Studierstube und Schlafzimmern. Zum Pfarrhaus gehören ein großer Garten, ein Kuhstall, eine Scheune und ein paar Felder vor der Stadt. Um die Landwirtschaft der Propstei kümmern sich Arbeitskräfte. Die Pfarrfrau wacht über den Haushalt, den Garten und die Wohnstuben. Als Kinder kommen, widmet sie sich deren Erziehung.

Und tatsächlich wird wenig mehr als ein Jahr später das erste Töchterchen geboren und auf den Namen Maria Elisabeth getauft. Das kleine Mädchen wird nicht mal ein Jahr alt. Es stirbt am 14. Januar 1657. Mitte des 17. Jahrhunderts ist die Säuglingssterblichkeit hoch; das sagen alle Statistiken. Das Leid der Eltern wird dadurch nicht kleiner. Das zeigt die Reaktion der Gerhardts. Das Ehepaar widmet ihrem „erstgeborenen, herzlieben Töchterlein" später eine Gedenktafel. Sie hängt noch heute in der Mittenwalder Kirche. „Wenig und böse ist die Zeit meines

Lebens" haben Paul und Anna Maria Gerhardt auf die Tafel schreiben lassen. Ein grüner Kranz fasst die Inschrift ein und Engelsköpfe schmücken die vier Ecken. Gerhardt wird im Laufe seines Lebens viele Kinder beerdigen, darunter noch drei eigene. Am 15. Januar 1658 wird Tochter Anna Catharina geboren. Schon im März 1659 wird sie beigesetzt. Auch zwei Söhne, Andreas und Andreas Christian, sterben bald nach der Geburt. Nur ein Junge, er hört auf den Namen Paul wie sein Vater, wird das Kindesalter und den Vater überleben. Doch es ist der Tod der ersten Tochter, der der Nachwelt erhalten bleibt. Er bleibt auch dem Vater sein Leben lang erhalten. Dieser erste große Schmerz wird chronisch. Immer wieder bricht er aus. Immer wieder will er durch den Trost besänftigt werden, den Gerhardt in Gott findet. Das spürt, wer seine Kindertotenlieder liest.

Leid ist mirs in meinem Herzen
Um die, die dir, liebes Kind,
Mit so großem Weh und Schmerzen
Um den Hals gefallen sind,
Da du dich bei deinem Ende
Gabst in deines Gottes Hände.

Ach, es ist ein bittres Leiden
Und ein rechter Myrrhentrank,
Sich von seinen Kindern scheiden
Durch den schweren Todesgang!
Hier geschieht ein Herzensbrechen,
Das kein Mund recht kann aussprechen.

Auf derwegen! Seid zufrieden,
Vaterherz und Muttergeist,
Lasset schlafen, was geschieden
Und zu Gott ist hingereist!
Was für Tränen ihr vergossen,
Wollen sein mit Trost geschlossen.

Wer die Moritzkirche in Mittenwalde betritt, achtet allerdings nicht zuerst auf die kleine Gedenktafel für Gerhardts Töchterchen im rechten Seitenschiff. Sein Blick wird unwillkürlich von dem geschnitzten Flügelaltar angezogen. Blickfang ist das Bild im Altarsockel. Es zeigt das Schweißtuch der Veronika, das zwei Engel in der Schwebe halten. Das Tuch zeigt den Kopf Christi mit der Dornenkrone. Blut sickert aus den Wunden über die Stirn. Die Haut des Sterbenden ist fahl. Aus dem Antlitz fährt ein Blick in den Betrachter.

Vor diesem Bild wird im dreißigjährigen Krieg eine infame Greueltat verübt, die sich tief im kollektiven Gedächtnis der Region eingegraben hat. Zu Pfingsten des Jahres 1637 dringt ein Trupp schwedischer Marodeure in die Stadt ein und plündert sie. Der Pfarrer, Propst Gallus Lutherus, wird vor dem Altar erschossen. Die Soldateska, die in Mittenwalde ihr Unwesen treibt, wird von Johan Banér angeführt. Der depressive Alkoholiker und Spieler hat einen Monat zuvor auch Gräfenhainichen abfackeln lassen. Der Feldmarschall, der mit einer Brandenburgerin verheiratet war, hat sich einen Spaß daraus gemacht, mit dem Schlachtruf „Gott mit uns" die Menschen zu drangsalieren.

Der treuste Begleiter des Krieges ist der Zynismus.

Vor das Bild des leidenden Christus schiebt sich das Bild des erschossenen Geistlichen, der blutüberströmt auf den Stufen des Altars liegt. Vor dem Antlitz Christi gerät auch das zerstörte Gesicht von Gallus Lutherus in den Bann der Passion. Die Gesichter schieben sich übereinander. Paul Gerhardt tritt mehrmals in der Woche vor diesen Altar. Was sieht er, wenn er vor die Predella tritt, die das mittelalterliche Gemälde aus der Cranach-Schule trägt? Welche Skizzen entstehen vor seinem inneren Auge? Gerhardt hat eine Obsession für's Bildermachen. Er nimmt das antike Gebot sehr ernst, dass die Poesie mit ihrer Sprache den Lesern, Hörern und Sängern lebendige Bilder vor Augen stelle. In der geistlichen Dichtung gilt das Bildergebot besonders für das Bild Christi. „Ich wills vor Augen setzen" schreibt er und formuliert in diesem Halbsatz sein geistliches Andachtsprogramm. Es besteht aus sinnlichen Szenen der Passion, die an Eindringlichkeit nichts zu wünschen übrig lassen. Johann Sebastian Bach hat mit den Mitteln der Musik in der Matthäuspassion dafür gesorgt, dass Gerhardt in seinen Hörern bis heute das innere Bild des leidenden Christus erwecken kann.

O Haupt voll Blut und Wunden,
Voll Schmerz und voller Hohn,
O Haupt, zum Spott gebunden
Mit einer Dornenkron!
O Haupt, sonst schön gezieret
Mit höchster Ehr und Zier,
Jetzt aber höchst schimpfieret,
Gegrüßet seist du mir!

Du edles Angesichte,
Davor sonst schrickt und scheut
Das große Weltgewichte,
Wie bist du so bespeit,
Wie bist du so erbleichet,
Wer hat dein Augenlicht,
Dem sonst kein Licht nicht gleichet,
So schändlich zugericht?

Die Farben deiner Wangen,
Der roten Lippen Pracht
Ist hin und her vergangen,
Des blassen Todes Macht
Hat alles hingenommen,
Hat alles hingerafft,
Und daher bist du kommen
Von deines Leibes Kraft.

Vor das Christusbild, das Gerhardt so nuancenreich zur Darstellung bringt, schiebt sich nun auch das Bild des Beters und Sängers. Beinahe so wie sich vor das Schweißtuch der Veronika das Gesicht des erschossenen Geistlichen schiebt. Und aus Schaulustigen und distanzierten Beobachtern werden die Sünder unter dem Kreuz, die unmittelbar ins Geschehen verwickelt sind.

Nun, was du, Herr, erduldet,
Ist alles meine Last,
Ich hab es selbst verschuldet,
Was du getragen hast!

Schau her, hier steh ich Armer,
Der Zorn verdienet hat,
Gib mir, o mein Erbarmer,
Den Anblick deiner Gnad.

Ich will hier bei dir stehen,
Verachte mich doch nicht!
Von dir will ich nicht gehen,
Wenn dir das Herze bricht.
Wenn dein Haupt wird erblassen
Im letzten Todesstoß,
Alsdann will ich dich fassen
In meinem Arm und Schoß.

Im versonnenen Blick auf das Christusbild wird die eigene Existenz wahrgenommen wie in einem Spiegel. Dazu bedarf es des genauen, tastenden Blicks über das Leidenspanorama. Gerhardt lässt sich von mittelalterlichen Passionssalven anregen. Sieben an der Zahl widmet er je ein Gedicht: für jedes Körperteil eines: Fuß, Knie, Seite, Brust, Herz und Kopf. Als Verfasser gilt der Zisterzienserabt, Prediger und Mystiker Bernhard von Clairveaux. Seine Meditationen sind im Luthertum des 17. Jahrhunderts sehr beliebt. Gerhardt hat sie aller Wahrscheinlichkeit nach schon in Grimma kennen gelernt. Wie in den Vorbildern vertieft sich der Beter auch in Gerhardts Nachdichtungen in jedes Mal, in jede Falte und in jeden Schatten und jede Körperwindung des leidenden Christuskörpers. Er tastet sich singend von den Füßen über die Hände und die Seite des Gekreuzigten bis zum Angesicht Christi hinauf. Ehrfürchtig, ja zärtlich fährt der Beter den Körper entlang, berührt die geschrundene Haut über den Rippen, die roten Striemen, die die Schläge der Soldaten hinterlassen haben. Jeder Station, an der das Auge hält, widmet die lateinische Vorlage ein ganzes Lied. Das ist von beinahe erotischer Intimität und vollzieht sich wie in Zeitlupe. So langsam spüren die Worte den Körperzeichen Christi nach. Christusminne heißt diese Form der Meditation nicht zu Unrecht. Diese tastende Liebe braucht Zeit. Die Überlänge von Gerhardts Liedern hat hier ihre Ursache. Die Vielzahl der Strophen verlangsamen und vertiefen die Gedanken.

Erst nachdem jedes Details des Leidens ausgiebig meditiert worden ist, kommt das Erschrecken: „Ich bins, ich sollte büßen …" Mit der Selbsterkenntnis verändert sich die Perspektive. Der Richtungssinn der langsamen Betrachtung en detail richtet sich nun nach innen. Das eigene Leiden und künftige Sterben erscheint nun im Licht von Gottes Passion.

> *Ich danke dir von Herzen,*
> *O Jesu, liebster Freund,*
> *Für deines Todes Schmerzen,*
> *Da du's so gut gemeint.*
> *Ach gib, dass ich mich halte*
> *Zu dir und deiner Treu*
> *Und, wenn ich nun erkalte,*
> *In dir mein Ende sei!*
>
> *Wenn ich einmal soll scheiden,*
> *So scheide nicht von mir;*

Wenn ich den Tod soll leiden,
So tritt du dann herfür.
Wenn mir am allerbängsten
Wird um das Herze sein,
So reiß mich aus den Ängsten
Kraft Deiner Angst und Pein.

Gerhardt steht mit diesem und vielen anderen Liedern in der langen Tradition der „Artes moriendi", der mittelalterlichen Sterbekünste. Uns mag heute befremdlich scheinen, dass im Zusammenhang mit dem Tod von Kunst die Rede ist. Ist der Tod nicht das Unvermeidliche, das sich der menschlichen Gestaltung ganz entzieht? Der Tod wäre nach dieser Sicht der Dinge das Ende aller Künste. Doch Kunst meint hier vor allem eines: die Übung der Vorbereitung auf das Sterben. Wer das eigene Sterben verdrängt, lebt mit einem düsteren Schatten, der ihn in seinen Nächten aufsucht, während im Tageslicht alles in schönster Ordnung sein muss. Das Barock widmet der Vergänglichkeit viel Aufmerksamkeit. Paul Gerhardt teilt dieses Vergänglichkeitsbewusstsein.

Menschliches Wesen,
Was ist's gewesen?
In einer Stunde geht es zu Grunde
Sobald ein Lüftlein des Todes drein bläst.
Alles in allen muss brechen und fallen,
Himmel und Erden, die müssen was werden,
Was sie vor ihrer Erschaffung gewest.

Der Tod kann erschrecken, verwirren oder in tiefe Alpträume reißen. Als „gräulich Bild" verfolgt er hartnäckig die, die leben wollen. Diesem Bild ins Auge zu sehen ist Teil der klugen Vorbereitung zum Sterben. Doch Gerhardt bleibt nicht gebannt stehen wie viele seiner Zeitgenossen, die von der schaurigen Lust an der Vergeblichkeit fasziniert sind. Für Gerhardt ist das Sterben nur ein Übergang. Der Tod wird nicht verharmlost. Er behält seinen Schrecken. Doch er behält nicht das letzte Wort. Das meint die Rede vom Sterben als „süßer Schlaf" oder „sanfte Ruhe". Der Körper zerfällt zwar in Staub, doch die Seele ist bei Gott aufgehoben. Dieses trotzige Vertrauen wider den Augenschein schafft einen Ausblick auf das eigene Ende, das von Hoffnung auf Auferweckung von den Toten gekennzeichnet ist.

Zwar alles, was der Mensche trägt,
Das Fleisch und seine Knochen,
Wird, wenn er sich hin sterben legt,
Zermalmet und zerbrochen
Von Maden, Motten und was mehr
Gehöret zu der Würmer Heer,
Doch solls nicht stets so bleiben.

Es soll doch alles wieder stehn
In seinem vorgen Wesen,
Was niederlag, wird Gott erhöhn,
Was umkam, wird genesen.
Was die Verfaulung hat verheert
Und die Verwesung ausgezehrt,
Wird alles wiederkommen.

Das hab ich je und je gegläubt
Und faß ein fest Vertrauen.
Ich werde den, der ewig bleibt,
In meinem Fleische schauen;
Ja, in dem Fleische, das hier stirbt
Und in dem Stank und Kot verdirbt,
Da werd ich Gott inn sehen.

VI. In Zank und bösen Rotten – der Berliner Religionskonflikt

Die Zeit in Mittenwalde ist für die Familie nur ein Zwischenspiel. Schon sechs Jahre später kehrt sie nach Berlin zurück. Lockt es ihn, den Dichter, in die aufstrebende Residenz oder zieht es seine Frau zurück in ihren vertrauten Freundeskreis? Gerhardt wird Pfarrer an der Nikolaikirche. Für den 22. Juli 1657 verzeichnet das Kirchenbuch seine erste Amtshandlung. Die Kirche St. Nikolai ist eine stolze Backsteinkirche der Spätgotik – in Stein gebauter Gottesdienst. Zu Gerhardts Zeiten hat sie nur einen Turmhelm. Im zweiten Weltkrieg zerstört, dann von den Verantwortlichen der DDR aus ästhetischen Gründen wieder aufgebaut und innen leer gelassen, werden heute nur noch selten Gottesdienste gefeiert. Ihre Kunstwerke wanderten in die Marienkirche oder ins Museum. Heute ist sie vor allem für Konzerte da. Damals war sie die angesehenste Kirche der Stadt. Hier zu predigen war eine Ehre, auch für den prominenten Liedermacher. Leider ist keine der vielen Predigten, die Gerhardt hier hielt, überliefert.

Das kulturelle und wirtschaftliche Klima in Berlin verschlechtert sich allerdings Ende der 50er Jahre. Die Kriegsfolgen lassen sich nicht so schnell beseitigen, wie die Menschen nach dem Friedensschluss gehofft haben. Immer noch stehen Häuser leer. Geschickte Anwälte der Reichen kaufen die verfallenden Immobilien zu Schleuderpreisen. Vor allem die Hofbeamten, die der Kurfürst aus ganz Europa holt, kaufen sich so in das Stadtbild ein. Die Fremden werden mit Argwohn betrachtet. Sie sind fremdsprachig oder fremdgläubig oder beides zugleich. Das macht Angst. Außerdem genießen die Hofbeamten Steuerfreiheit. Das ärgert die Bürger der Residenz bis auf die Knochen. Der Landesherr holt Arbeitskräfte aus aller Herren Länder. Ingenieure für Festungsbau, Berater für das neue stehende Heer, Handwerker und Beamte. Außerdem geht er waghalsige militärische Abenteuer im polnisch-schwedischen Krieg ein, deren Ausgang ungewiss ist. Die Bürger erinnern sich nur zu gut an die Steuerlasten des letzten Krieges. Sie wissen, was auf sie zukommt. Erzählt man sich auf den Straßen die Geschichte vom „schwarzen Grafen", dem Despoten, der in den letzten Kriegsjahren für Unruhe sorgte? Während Arme hungern und die Brotpreise immer weiter steigen, setzt der Kurfürst den Bau neuer Sicherheitsanlagen durch. Die Reste des mittelalterlichen Walls müssen weg. Das kostet nicht nur Geld, die Einwohner werden auch zu Arbeitsdiensten eingeteilt. Unter Zwang. Die Lage zwischen dem städtischen Bürgertum und dem Hof ist deswegen zunehmend angespannter. Als 1667 die Fürstin Louise Henriette stirbt, pöbeln Zuschauer beim Defilee am Tag der Trauerfeiern. Der Trauerzug muss abgebrochen werden. Die Vorgeschichte für diesen Eklat ist auch die Geschichte, in der Paul Gerhardt mit dem Regenten aneinandergerät. Die Ursache für den Konflikt, der als Berliner Kirchenstreit in die Geschichte eingeht, liegt sehr weit zurück. Ein halbes Jahrhundert vorher, Gerhardt ist noch ein

Schulbub, kommt es bei den Hohenzollern zu einer Weihnachtsüberraschung. Johann Sigismund tritt zum calvinistischen Bekenntnis über. Das war nicht ungewöhnlich. Viele Regierende hielten die reformierte Ausprägung des Protestantismus für fortschrittlicher und politisch aussichtsreicher. Eine Religion, die die Rationalität und den Arbeitswillen der Menschen zu fördern schien, galt als ideale Basis für den heraufkommenden Absolutismus mit funktionsfähiger Verwaltung und expandierender Wirtschaft. Die märkischen Stände und die meisten Bewohner des Herrschaftsgebietes sind Lutheraner. Der Fürst macht zwar nicht von seinem Recht Gebrauch, auch von seinen Bürgern den Konfessionswechsel zu fordern – ganz friedlich geht die Sache aber nicht ab. Beamte des Hofes rufen vereinzelt zum Bildersturm gegen lutherische Kirchen auf. Auch das Hofgesinde wird mit sanfter Nachhilfe zum rechten Glauben erzogen. Wer zum Gottesdienst in der reformierten Schlosskapelle fehlt, bekommt kein Abendessen.

Doch gefährlicher ist der innere Riss, der durch eine bizarre reichsrechtliche Situation erzeugt wird. Seit der Reformation ist der Landesherr in den evangelischen Territorien so etwas wie der Notbischof der Kirche. Wenn nun der reformierte Landesherr als oberster Herr über eine lutherische Kirche waltet und in grundsätzlichen theologischen Fragen anderer Meinung ist, sind harte Auseinandersetzungen vorprogrammiert. In Taufe und Abendmahl vergegenwärtigt sich für den calvinistischen Fürsten nicht Christus selbst wie für die Lutheraner. Die Sakramente sind für ihn nur Erinnerungszeichen, die den Glauben unterstützen. Bilder und Symbole, ja sogar die Orgel, sind für ihn Überbleibsel mittelalterlicher Zeremonien. Für die Lutheraner hingegen gehören sie zum Kernbestand ihrer Gottesdienste. Deshalb fühlen sie sich immer wieder zum Widerspruch aufgerufen. Der kann vereinzelt auch schon mal ziemlich heftig werden. „Wer nicht lutherisch ist, der ist verflucht" hören die Berliner von so mancher Kanzel. Harte Worte wechseln sonntäglich den Besitzer. Die reformierte Minderheit lässt sich nämlich nicht lumpen und kontert, indem sie ihrerseits Ketzerhüte verteilt. Die Eskalation passt dem Kurfürsten nicht. Er will mit einer offensiven Einwanderungspolitik seinem entvölkerten Land wirtschaftlich helfen. Dafür braucht er eine tolerante Religionspolitik, die es den Neuankömmlingen einfach macht, ihre Religion zu leben. Er braucht zumindest unter den christlichen Konfessionskirchen ein friedliches Miteinander, das am besten zur wechselseitigen Anerkennung führt. Deshalb erlässt er eine neue Ordinationsordnung. Die neuen Pfarrer sollen nicht mehr auf die Konkordienformel schwören, weil diese Formel genau die anticalvinistischen Verwerfungen feststellt, die in Zukunft verboten werden sollen. Der Kurfürst macht gar nicht erst den Versuch, seine eigene Position zu kaschieren. Bei Stellenbesetzungen in Kirche und Verwaltung bevorzugt er die Bewerber mit reformiertem Bekenntnis. Die lutherischen Pfarrer, vor allem das Kollegium der Nikolaikirche, organisieren Proteste. Gerhardt ist mit der Konkordienformel aufgewachsen. Natürlich hat er sich auf sie ordinieren lassen. Die Atmosphäre heizt sich weiter auf, als der kompromisslose Hofprediger und Konsistorialrat Bartholomäus Stosch sein

Amt übernimmt. Da kommt dem Kurfürsten eine Idee, die er dem hessischen Landgrafen abgeschaut hat. Nachdem beim Kasseler Religionsgespräch reformierte und lutherische Professoren einen Lehrkonsens gefunden hatten, der sie zum friedlichen Umgang miteinander verpflichtet, denkt er sich: Nach diesem Modell lässt sich der Ärger in der Residenz ausräumen. Mehr noch als um die Pfarrer, die auf Krawall gebürstet sind, sorgt er sich um die scharfen Töne aus Wittenberg. Kämpferische Konfessionalisten haben hier die Meinungsführung übernommen und mischen sich aus dem Hinterland in den Berliner Konflikt ein. Hier schimpft vor allem Abraham Calov den Kurfürsten einen Teufel und Tyrannen. Mit Calov steht Gerhardt in regem Briefwechsel. Und dieser letzte Vorwurf ist für Friedrich Wilhelm, der sich als vernünftiger Regent nach holländischem Vorbild und oberster Gesetzgeber, nicht aber als Despot versteht, eine große Kränkung. Wenn die Wittenberger sich für einen freundlicheren Kurs gewinnen ließen, würden auch die Berliner Pfarrer wieder einschwenken. Deshalb erlässt der Kurfürst 1662 ein „Toleranzedikt". Genaugenommen geht es ihm allerdings weniger um Toleranz als um praktische Rücksichtnahmen mit innenpolitischem Kalkül. Kein unanständiges Motiv für einen Regenten.

Er ruft dazu auf, nach gemeinsamen Grundlagen der Bekenntnisse zu suchen und verbietet die Polemik von der Kanzel. Als die Wittenberger Theologen nicht so mitspielen, wie er das hofft, verbietet er kurzerhand den eigenen Untertanen das Studium dort. Dann lädt er die Pfarrer in Cölln und Berlin ein, um in aller Freundschaft darüber zu konferieren, ob die Reformierten irgendetwas glauben, mit dem sie ihre Seligkeit aufs Spiel setzen.

Seine Motivation verdeutlicht der Kurfürst in der Eröffnungsansprache. Er hat die Teilnehmer an den runden Tisch versammelt, um „das unchristliche Verketzern, Verlästern und Verdammen, auch falsche Deutungen und erzwungene Beschuldigungen gotteslästerlicher Lehren, allerseits eingestellt, hergegen das wahre Christentum und die Übung der wahren, klaren und unstreitigen Gottseligkeit unter den Zuhörern ins Herz gepredigt werden möchte …". Paul Gerhardt und die meisten Berliner Geistlichen bleiben skeptisch. Zu groß ist für sie die Gefahr der Religionsmengerei, des Synkretismus. Sie berufen sich auf ihre Gewissensfreiheit und auf das offene Ende, das allen Verhandlungen, die den Namen verdienen, zugrunde liegen müsse. Dabei fühlen sie sich von Anfang an in die Rolle der Opposition gedrängt. Das sind keine glücklichen Voraussetzungen für den Erfolg der Verhandlungen.

Als im September 1662 in der Schlossbibliothek die Sitzungen des Berliner Religionsgesprächs beginnen, hält sich Gerhardt im Hintergrund. Innerhalb eines Jahres finden 17 Sitzungen statt. Thesen, Gutachten und Stellungnahmen werden von der einen Seite des Tisches auf die andere geschoben. Da aber alles darauf hinzulaufen scheint, dass die Lutheraner das reformierte Abendmahl und die Vorsehungslehre der Reformierten akzeptieren sollen, während diese nicht bereit sind, die eigenen Vorstellungen preiszugeben, kommen echte, um Wahrheit bemühte Gespräche nur selten zustande. Gerhardt hat sich auf die Seite der Hardliner geschlagen. Die Protokolle zeigen seinen kompromisslosen Standpunkt. Sie weisen ihn als einen gewieften Polemiker und Kontroverstheologen aus, der seine Wittenberger Studienzeit gut genutzt zu haben scheint. Das ist nicht weiter erstaunlich. Erstaunlich ist viel eher die harte Grundhaltung, die kein Nachgeben duldet – wo doch seine Lieder ganz ohne polemische Spitzen auskommen. Natürlich zieht sich sein Luthertum wie ein Ariadnefaden durch die Gedichte. Die Theologie ist jedoch in Ton und Aussage immer wohltemperiert, ja dezent. Der existentielle Bezug seiner Lieder steht ungleich stärker im Mittelpunkt als dogmatische Korrektheit.

Der Kurfürst reagiert zunehmend verärgert, als er merkt, dass die Religionsgespräche immer schleppender verlaufen. Er kontert mit einem zweiten Toleranzedikt. Die Kanzelpolemik ist jetzt verboten. Prompt protestiert die lutherische Partei. Diesmal holt sie sich Rat von außerhalb und bestellt theologische Gutachter. Als Friedrich Wilhelm davon erfährt, sieht er seine Souveränität unterlaufen. Beim Vorlegen der Gutachten sollen sich die Wortführer schriftlich verpflichten, die Toleranzedikte einzuhalten. Die beiden Pfarrer weigern sich und verlieren auf der Stelle ihre Ämter. Alle Geistlichen des Landes sollen nun ein Revers unterschreiben, das die Einhaltung der Edikte versichert. Die meisten fügen sich. Wer will schon seine Familie ins Elend stürzen und seine Stelle verlieren. Was in den intensiven Religionsgesprächen nicht erreicht wurde, schafft jetzt der Druck des Landesherrn. Gerhardt bleibt bei seiner Weigerung. Im Februar 1666 wird er des Amtes enthoben.

Die Welt ist mir ein Lachen,
In ihrem großen Zorn,
Sie zürnt und kann nichts machen,
All Arbeit ist verlorn.
Die Trübsal trübt mir nicht
Mein Herz und Angesicht.
Das Unglück ist mein Glück,
Die Nacht mein Sonnenblick.

Einflussreiche Bürger und der Magistrat setzen sich tags darauf schon für den prominenten Dichterpfarrer ein. Lässt sich keine Ausnahme erwirken? Einige seiner Lieder werden längst auch bei den Reformierten gesungen. Bislang, so wird gegen die Härte des Kurfürsten angebracht, habe der beliebte Geistliche „keine Seele mit Worten oder Wercken angegriffen". Auch Johann Georg Ebeling, der Freund und Kantor an der Nikolaikirche, der das Werk Johann Crügers fortsetzt, unterstützt Gerhardt auf seine Weise. Es ist sicher nicht zufällig, dass die erste Lieferung der Gesamtausgabe „Pauli Gerhardi Andachten" direkt nach der Amtsenthebung erscheint. Das schafft Aufmerksamkeit und schürt die Kritik, sogar im Ausland. Der Druck der Öffentlichkeit hat Erfolg. Der Kurfürst verzichtet auf den Revers, mit einer Begründung, die Gerhardt noch wütender macht: Der Pfarrer habe die Edikte nicht recht verstanden. Dummheit soll die goldene Brücke sein, auf der Gerhardt dem Regenten entgegen kommt. Doch der denkt gar nicht daran, als minderbemittelter Geist aus der Sache herauszukommen. Der Dichter dreht sich auf dem Absatz um und erklärt, die Edikte verstießen gegen sein Gewissen. Außerdem argumentiert er mit füchsischer Logik. Bekenntnisse forderten schließlich zwangsläufig auch Abgrenzungen, eine Position gäbe es schließlich nur mit ihrer Verneinung als Schatten. Was gäbe es da noch zu verstehen? Nun ist der Kurfürst in der Rolle des Dummen.

Das kann die Staatsräson nicht auf sich sitzen lassen. Gerhardts Stelle wird neu besetzt. Eine Weile wohnt er noch im Pfarrhaus. Zwei Jahre zahlt die Kirchenbehörde auch sein Gehalt weiter. In diesen letzten Berliner Monaten, als er kaltgestellt und verbittert in Wartestellung sitzt, stirbt Anna Maria an einem Lungenleiden. Die Partnerin, die ihm in schweren Zeiten die Treue hält, allen möglichen Anfeindungen der besseren Gesellschaft zum Trotz, aus der sie stammt und in der sie sich wohlfühlt, verlässt ihn. In der Begräbnispredigt rühmt der Prediger Anna Maria als liebende Freundin, die ihrem Mann immer wieder den Rücken gestärkt habe. Das sind die intimsten Einblicke in die Ehe, die wir haben. Ein Lebenslauf, der der Leichenpredigt, wie schon bei Pauls Schwester, angehängt ist, gibt einen Einblick in die letzten Tage bis zum Tod. Das Barock spart hier nicht mit Ausschmückungen. Es stilisiert den Sterbevorgang als Weg zu Gott. Jede Geste, jede Formel, jedes Wort hat eine Bedeutung. Solche Lebensläufe sind auch ein Stück Literatur, in denen der Tod eines Menschen als vorbildliches christliches Sterben erzählt wird. Die Kunst des Sterbens wird so noch anschaulicher, weil Ideal und Wirklichkeit sich miteinander vermischen. Anna Maria stirbt an einem Donnerstag. Im Gedächtnis der Kirche ist das der Tag der Woche, an dem einst Jesus das Abendmahl gestiftet hat. Paul Gerhardt liest der Kranken eine Predigt aus Luthers Hauspostille vor. Dann lässt Anna Maria sich waschen – ein Zeichen für die Sündenvergebung. Sie zieht ein weißes Kleid an – ein Zeichen für die Festvorbereitung: das Fest der Nähe zu Christus. Dann setzt sich die Sterbende auf und liest eine Stunde lang in einem Gebetbuch. Der Amtsbruder und Schwager Gerhardts kommt, um die Beichte abzunehmen und das Heilige Mahl zu spenden. Sie isst etwas und lässt ihre Schwester kommen. Es ist ein Abschiedsgespräch, das die beiden miteinander führen. „Du magst wohl denken, ich habe dirs nicht sagen wollen, dass ich so krank sei, aber glaube mir, ich habe es selbst nicht gewusst, dass mir der Tod so nahe sei, als ich jetzt sehe, bekümmere dich aber nur nicht, es ists nichts Guts auf der Welt, wir wollen bald wieder zusammenkommen." Bald – die Zeitangabe meint für die Sterbende die Ewigkeit. Dann bittet sie ihren Mann „mit lächelndem Munde", er möge ihr doch ihre Lieblingslieder vorsingen. Anna Maria hat sie eigenhändig in einem Buch gesammelt. Sind Lieder von Paul Gerhardt dabei? Wie könnte es anders sein – auch wenn wir es nicht mit Bestimmtheit wissen. Nach einer Weile spricht die Sterbende ihre letzten Worte. Sie tröstet den kleinen Sohn. Schließlich stirbt sie, „ganz sanft und stille, mitten unter dem Zurufen, Seufzen und Weinen der Ihrigen". Die christliche Sterbekunst schützt offensichtlich nicht vor Schmerz. Sie lenkt ihn aber in eine Richtung: in Richtung auf Gott. Deshalb können Freunde und Familie an ihrem letzten Bett ausharren. Deshalb stirbt Anna Maria nicht allein. Der Witwer ohne Arbeit ist jetzt für einen Fünfeinhalbjährigen verantwortlich. Hat er in dieser Situation auf seine eigenen Trostlieder zurückgegriffen?

Auf den Nebel folgt die Sonne,
Auf das Trauern Freud und Wonne,
Auf die schwere, bittre Pein
Stellt sich Trost und Labsal ein.
Meine Seele, die zuvor
Sank bis in das Höllentor,
Steigt nun bis zum Himmelschor.

Der, vor dem die Welt erschrickt,
Hat mir meinen Geist erquickt,
Seine hohe starke Hand
Reißt mich aus der Hölle Band;
Alle seine Lieb und Güt
Überschwemmt mir mein Gemüt
Und erfrischt mir das Geblüt.

Ach, wie ofte dacht ich doch,
Da mir noch des Trübsals Joch
Auf dem Haupt und Halse saß
Und das Leid mein Herze fraß:
Nun ist keine Hoffnung mehr,
Auch kein Ruhen, bis ich kehr
In das schwarze Totenmeer.

Als ich furchtsam und verzagt
Mich selbst und mein Herze plagt,
Als ich manche liebe Nacht
Mich mit Wachen krank gemacht,
Als mir aller Mut entfiel:
Tratst du, mein Gott, selbst ins Spiel,
Gabst dem Unfall Maß und Ziel.

VII. Der Sorgen gute Nacht – die letzten Jahre

In dieser ausweglosen Situation sorgen einflussreiche Freunde dafür, dass Gerhardt als Pfarrer nach Lübben/ Spreewald in der Niederlausitz gehen kann. Auch Lübben ächzt unter den Kriegsfolgen. Die Schweden hatten hier so manches Exempel statuiert. Immer wieder fliehen die Bewohner in den Spreewald und verstecken sich in den Sümpfen. Von den Erinnerungen haben sie sich noch nicht erholt. Sie brauchen dringend einen Seelsorger.

Der strenge Lutheraner Herzog Christian I. von Sachsen Meißen-Merseburg gewährt Gerhardt Asyl. Da ist er 62 Jahre alt. Doch die Verhandlungen mit dem Bürgermeister des Städtchens ziehen sich hin. Es kommt schon im Vorfeld zu bösen Briefen mit wechselseitigen Schuldzuweisungen. Ist Gerhardt hart geworden in seinem Leid und in der Enttäuschung über die Berliner Kollegen, die dem Kurfürsten so schnell nachgegeben haben, als sie das geforderte Revers unterschrieben? Ursache des Streits ist der Zustand des Pfarrhauses. Bei seinem Vorstellungsbesuch weist Gerhardt auf Mängel hin und bittet um Reparatur. Das Haus, das aus „bösen Kriegszeiten" stammt, ist zu klein und zu baufällig. Der Rat der Stadt stimmt dem Umbau zu – doch es passiert nichts. Das Haus wird nicht vergrößert, und so tritt Gerhardt seine Stelle nicht an. Der Rat macht Druck. Doch wie Gerhardt unter Druck reagiert, hat schon der Kurfürst erfahren. Er habe ja „keinen adeligen Sitz" sondern lediglich „ein bequemes Logiament" verlangt, wendet er ein, „darin ich mich und die Meinigen, und was uns der liebe Gott bescheret, innelassen und bergen könnte". Dazu bräuchte er nun mal einen „Raum und Ort zum Studieren". „Auf Predigten meditieren wäre ein hohes und großes Amt", erinnert er die Ratsleute noch. Ob das nötig war? Gerhardt kriegt jedenfalls seinen Erweiterungsbau. Er verhandelt ebenso hart um einige andere Forderungen. So verlangt er einen Pestpfarrer, der ihn in Zeiten unterstützt, wenn erneut eine Seuche ausbricht. Damit rechnen die Menschen nämlich immer noch. Außerdem will er sein eigenes Bier einführen, „Zerbster, Bernauer, Torgauisch und dergleichen" – selbstverständlich für den Eigenbedarf. Aus dieser Forderung spricht die Kennerschaft eines Genießers. Doch das ist eine heikle Angelegenheit. Genehmigungen solcher Wünsche sind rar und werden streng verteidigt. Aber der Brauerssohn hat offenbar seinen eigenen Geschmack. Stößt er so die Räte einmal mehr vor den Kopf? Schließlich war das Bier immer schon ein Zeichen für Heimatverbundenheit. Beide Anträge werden abgewiesen. Fällt Gerhardt die Trennung von Berlin schwer, wo er die besten und die härtesten Jahre verbracht hat? Oder ist seine Resignation ins Zänkische gekippt? Wollen die Lübbener umgekehrt signalisieren, dass auch ein berühmter Dichterpfarrer ihnen nicht auf der Nase herum tanzen wird? Der Streit zieht sich hin. Briefe gehen von Berlin nach Lübben.

Dann kommt Gerhardt doch noch. Im Schlepptau hat er sein Söhnchen Paul, die Schwägerin Sabina Fromm, die ihm seit dem Tod seiner Frau den Haushalt führt, und deren Sohn Andreas Fromm, der studiert und nur zu Zeiten mit im Haus lebt. Mehrere Pferdefuhren transportieren den Besitz der Familie. Arm ist Gerhardt nicht. Vor allem Bücher lagern wohl gut verpackt auf den Wagen.

Als er einmal da ist, reißen die Nachrichten aus den letzten Jahren ab. Wir wissen vor allem eines: Es sind keine Gedichte mehr aus den letzten Lebensjahren überliefert. Warum verstummt der Dichter? Oder veröffentlicht Gerhardt nicht mehr, was er schreibt? Sind die Gedichte aus dieser Zeit gar verlorengegangen? Das Gerücht vom großen Dichter, dem über dem Leben die Worte ausgegangen sind, riecht gar zu sehr nach Mythenbildung. Dokumentiert ist, dass er immer mal wieder eine Predigt ausfallen lässt. Gerhardt wird Pflichtverletzung, Nachlässigkeit und vor allem Eigensinn vorgeworfen. Letzteres ist wohl nicht unwahrscheinlich. Doch vor allem wird der Dichter wohl gebrechlich. Er verlangt eine Sitzbank, wenn er das Abendmahl austeilt, und ein Lesepult auf dem Altar. Er kann den holprigen Weg zum Friedhof bei schlechtem Wetter nicht mehr gehen. Offenbar wird Gerhardt im Alter auch ein wenig wunderlich. Oder ist es Eitelkeit, dass er sich eine Perücke zulegt, „die er im Winter und Sommer in der Kirche auf der Kanzel und vorm Altar als ein Weltlicher trägt, das ihm auch nicht wohl anstehet und er dafür eine warme Priestermütze brauchen könnte"? In den 60er Jahren ist es umstritten, ob Pastoren eine Perücke tragen können, Zugeständnis an die Mode der Zeit. Die künstliche Kopfbedeckung, die ursprünglich einem französischen König nur gegen schütteres Haar und für die Eitelkeit helfen sollte, wird schnell zum Herrschaftssymbol bei Hofe. Seit Mitte des 17. Jahrhunderts tragen auch reiche Bürger und Beamte dann und wann das Haar von Luchs oder aus Flachs. Was in der großen Residenzstadt möglich ist, ist auf dem Land allerdings ein Skandal, Zeichen für Hochnäsigkeit, eine Anmaßung, die einem Geistlichen nicht gut zu Gesicht steht. Doch den alten Prediger kümmert offenbar nicht, was die Leute denken.

Wir sollten heute die Nachrichten von den Launen Gerhardts nicht überbewerten. Als der Dichter noch auf dem Sockel des nationalen Luthertums stand, als unantastbarer Glaubensheld und Dichter von überirdischer Kunst, da halfen solche Einblicke dazu, den Dichter vom Sockel zu holen. Doch dafür muss man kein Denkmal stürzen. Gerhardt steigt selbst auf die Erde herab und begegnet uns auf Augenhöhe: mit seinen Liedern und den Erfahrungen aus beinahe 70 Jahren zwischen Alltag und Katastrophen. Die Vorfälle in Lübben zeigen ihn als das, was er ist: ein Mensch. Einzig erhaltenes Schriftstück aus dieser Zeit ist sein Testament, ein Text, der seinem Sohn Paul Anweisungen für das gelingende Leben gibt, ein Rat, der erstaunlich nah an der Alltagswelt und ihren Herausforderungen liegt: etwas Berufsberatung, ein wenig Verhaltenshilfe für stürmische Zeiten, ein paar Lebensklugheiten des Älteren, eine Prise religiöse Unterweisung:

„1. Tue nichts Böses, in der Hoffnung, es werde heimlich bleiben, denn es wird nichts so klein gesponnen, es kommt an die Sonnen. 2. Außer deinem Amte und Berufe erzürne dich nicht. Merkst du dann, dass der Zorn dich erhitzet habe, so schweige stockstille und rede nicht eher ein Wort, bis du ernstlich die 10 Gebote und den christlichen Glauben bei dir ausgebetet hast. 3. Der fleischlichen sündlichen Lüste schäme dich, und wenn du dermaleinst zu solchen Jahren kommst, dass du heiraten kannst, so heirate mit Gott und gutem Rat frommer, getreuer und verständiger Leute. 4. Tue Leuten Gutes, ob sie dir es gleich nicht zu vergelten haben, denn was Menschen nicht vergelten können, das hat der Schöpfer des Himmels und der Erden längst vergolten, da er dich erschaffen hat, da er dir seinen lieben Sohn geschenket hat, und da er dich in der heiligen Taufe zu seinem Kinde und Erben auf- und angenommen hat. 5. Dein Geiz fleuch als die Hölle, lass dir genügen an dem, was du mit Ehren und Gewissen erworben hast, ob es gleich nicht allzuviel ist. Beschert dir aber der liebe Gott ein Mehreres, so bitt ihn, dass er dich vor dem ledigen Missbrauche des zeitlichen Gutes bewahren wolle. Summa, bete fleißig, studiere etwas Ehrliches, lebe friedlich, diene redlich und bleibe in deinem Glauben und Bekenntnis beständig, so wirst du einmal auch sterben und von dieser Welt scheiden willig, fröhlich und seliglich."

Letzteres wünscht sich Gerhardt auch für sich selbst: „Ich bitte von Grunde meines Herzens, Gott wolle mir, wenn mein Stündlein kommt, eine fröhliche Abfahrt verleihen, meine Seele in seine väterlichen Hände nehmen und dem Leibe eine sanfte Ruhe in der Erde bis zum lieben jüngsten Tage bescheren, da ich die Meinigen, die nur vor mir gewesen und auch künftig nach mir bleiben möchten, wieder erwachen und meinen lieben Herrn Jesum Christum, an welchen ich bisher geglaubet und ihn doch noch nie gesehen habe, von Angesicht zu Angesicht schauen werde."

Die letzte Stunde des Paul Gerhardt kommt am 27. Mai 1676. Die Nachkommen erzählen sich, er habe sich vor seiner letzten Ohnmacht, als er sich kaum noch auf dem Sessel halten konnte, mit einem eigenen Lied getröstet:

Kann uns doch kein Tod nicht töten,
Sondern reißt
Unseren Geist
Aus vielen tausend Nöten;
Schleußt das Tor der bittren Leiden
Und macht Bahn,
Da man kann
Gehn zur Himmelsfreuden.

Ausgewählte Literatur

Elke Axmacher, Johann Arndt und Paul Gerhardt, Tübingen und Basel 2001

Petra Bahr, Darstellung des Undarstellbaren. Religionstheoretische Studien zum Darstellungsbegriff bei G. A. Baumgarten und I. Kant, Tübingen 2004

Barbara Beuys, Der Große Kurfürst. Der Mann, der Preußen schuf, Hamburg 1979

Winfried Böttler (Hg.), Paul Gerhardt, Erinnerung und Gegenwart. Beiträge zu Leben, Werk und Wirkung, Berlin 2006

Christian Bunners, Paul Gerhardt, Weg, Werk, Wirkung, Berlin 1993

Jean Delumeau, Angst im Abendland. Die Geschichte kollektiver Ängste im Europa des 14. bis 18. Jahrhunderts, Reinbek bei Hamburg 1985

Etienne Francois und Hagen Schulze, Deutsche Erinnerungsorte. Eine Auswahl, München 2005

Paul Gerhardt, Geh aus, mein Herz. Sämtliche deutsche Lieder, herausgegeben von Reinhard Marwick und mit einer Einleitung von Inge Mager, Frankfurt 2006

Paul Gerhardt, Dichtungen und Schriften, herausgegeben von Eberhardt von Cranach-Sichhart, München 1957

Ulrich Göber, Der Liederdichter Paul Gerhardt, Frankfurt/O. 2001

Sven Grosse, Gott und das Leid in den Liedern Paul Gerhardts, Göttingen 2001

Rainer Hillenbrand, Paul Gerhardts deutsche Gedichte. Rhetorische und poetische Gestaltungsmittel zwischen traditioneller Gattungsbindung und barocker Modernität, Frankfurt, Bern, New York und Paris 1992

Hans-Christian Huf, Mit Gottes Segen in die Hölle. Der dreißigjährige Krieg, Berlin 2004

Hans Georg Kemper, Deutsche Lyrik der frühen Neuzeit, Bd. 1: Epochen und Gattungsprobleme, Reformationszeit, Tübingen 1987; Bd. 2: Konfessionalismus, Tübingen 1987, Bd. 3: Barock-Mystik, Tübingen 1988

Reiner Schmidt, Deutsche Ars Poetica. Zur Konstituierung einer deutschen Poetik aus dem humanistischen Geist des 17. Jahrhunderts, Meisenheim 1980

Birgit Stolt, Martin Luthers Rhetorik des Herzens, Tübingen 2000

Gerd Ueding und Bernd Steinbrink, Grundriß der Rhetorik, Geschichte, Technik, Methode, Stuttgart 1986

Susanne Weichenhan und Ellen Ueberschär (Hg.), Lebenskunst bei Paul Gerhardt, Berlin 2003

Bewegtes Leben

Margot Käßmann
Gut zu leben
Gedanken für jeden Tag
Band 5552
Gedanken von Margot Käßmann für jeden Tag des Jahres: erhellend, ermutigend, inspirierend.

Käthe Kollwitz
Aus meinem Leben
Ein Testament des Herzens
Band 5757
Sie ist die geniale Künstlerin der Menschlichkeit. Käthe Kollwitz ging ihren Weg geradlinig, menschlich und künstlerisch. Diese Tagebuchblätter, lebensklug, sensibel und warm im Ton, sind ihr „Testament des Herzens".

Christoph Bartscherer
Heinrich Heine und die Frauen
„Und immer irrte ich nach Liebe"
Band 5681
Heinrich Heine, Frauenliebling und Verführer. Seine Liebesgedichte gehören zu den schönsten der deutschen Sprache: frech, zart, erotisch, delikat. Eine Entdeckungsreise und ein ausgesprochenes Lesevergnügen.

Stefan Tolksdorf
Der Klang der Dinge
Paul Klee – Ein Leben
Band 5634
Seine Bilder sind „Musik für die Augen". Ein neuer Blick auf ein faszinierendes Werk. „Die Biografie gibt einen Einblick in das Leben eines der rätselhaftesten Maler der Moderne." (3sat-Kulturzeit).

Ruth Pfau
Liebe und tu, was du willst
Wege meines Lebens
Hg. von Michael Albus
Band 5617
Effizient als Organisationsgenie, kompromisslos im Einsatz für Menschenrechte, engagiert im Dialog der Religionen, offen für die Nöte eines jeden. Mystik konkret – im Herzen der Welt. Die Lebensbilanz einer großen Frau.

HERDER spektrum